目覚めよ、
愛に生きるために

本郷綜海《ヒーラーズ・ヒーラー》

はじめに

誰でも一度くらいは、「愛」について考えたことがあるのではないでしょうか？

思春期には、まだ見ぬ誰かといつか恋に落ちて「永遠の愛」を誓うことを夢見たかもしれません。

その夢が叶い、幸せを手にしたにもかかわらず、儚《はかな》くも別れて、愛を失くしたと感じた方もいるかもしれません。

たった一人の素敵な誰かにいまだ出会えず、愛を探し続けている人もいるかもしれません。


愛ってなんでしょうね。


テレビでもラジオでもＳＮＳでも、愛について語られていない日はありません。

それでも私たちの多くは、いまだ愛の本質を体験しはじめたばかりだと思うのです。

少し私のことをお話しさせてください。

1990年代のことです。私は長年深く求めていたパートナーとゴール・イン間近となっていました。それまで「結婚に意味を感じられない」と言っていた彼が、やっとその気になってくれたのです。天にも昇るような気持ちでした。

それなのに、なぜか同じ時期に、私は7歳年下の別の男性と恋に落ちてしまったのです。

向かい合ってお茶を飲み、目と目を見合わせただけで、心臓を撃ち抜かれたかのような強い衝撃を胸に感じ、よろこびで涙がこぼれ落ちました。

「やっと出会えたね」

心の中でお互いの魂のつぶやく声が聞こえるようでした。

彼はソウルメイトでした。

いくつもの転生を同じくしては手を取り合って共に生き、時にひとつの魂を分かち合っていたかのような魂の伴侶。

懐かしさでいっぱいでした。

そうして私は、「理想を絵に描いたような恋」が「結婚」という形でやっと結実する目前で、別の人と人生を歩いていく決断をしたのです。


前の彼と別れることは、これまで長年所属していたコミュニティーから距離を置くことを意味していました。私は身を切られるような辛さで、泣きながら、嘔吐《おうと》しながら新しい彼と新しい人生を選んだのです。


その彼はファッション関係の仕事をしていましたが、若い頃に修行をしたことのあるサイキックで、エネルギーを意図的に操作したり別の次元の存在たちと話をしたりすることができました。

ある日私たちは箱根旅行へ行き、初めての夜を過ごすことになりました。そこで私はこれまで知らなかった「愛」へと目覚めることになります。

それは、これまでいくつも体験してきた恋愛や、今の彼への愛情、生まれた時から周りにあった親の愛などとはまったく違うものでした。

その愛は私の外にも中にもいつもあり、この世界の本質であると同時に、自分もまたその一部であり、なおかつすべてであるということを知ったのです。これについては本文のほうでもう少し詳しくお話ししていきますね。

これは私にだけ起きた出来事ではありません。

今、多くの人たちが愛の本質に目覚めはじめています。やがて世界中の人たちが、このひとつの愛に目覚めることでしょう。

この本はあなたを存在の深みへとつなげ、愛そのものに目覚めるご招待のお手紙として書いています。

それでは、はじめましょう。

本郷綜海

目覚めよ、愛に生きるために

目次

目次

目次

第2章　自分を愛するということ

目次

第3章 人を愛するということ

目次

第4章

あなた自身が「愛」だと気づくために

「愛したい」
「愛されたい」。

それは、
私たち人類共通の魂の望み。

だけど、それを十分に自分にさせていないのは、
愛することで現れる
「痛み」
を恐れているからかもしれないね。

もしも痛いなら、
それは愛ではないんだよ。
それは愛によって露《あら》わになった、
過去から来た心の傷。

第1章
「本物の愛」とは何か

そして、あなたをもっと深い愛へと導く招待状。

だから、もう怖がらずに
愛してしまおう。
怖がってもいいから
愛されてしまおう。

「私は愛し愛されて、生きていきます」

あなたが「愛」だと信じている
その気持ちは、
愛着、あるいは心の傷から来た
執着かもしれません

片思いをしたことがありますか?

好きな人の姿を見たり、考えたりするだけで胸がドキドキしたり、キューンとしたりする。彼が笑顔をくれたとか褒めてくれたとか、そんな小さなことに一喜一憂する。


あなたは考えます。

「私は彼を愛してる!」


やがてあなたは運よく彼と結ばれ、幸せな日々を送ります。

そして彼があなたの耳元でささやきます。

「愛しているよ」

あなたは幸せの絶頂にいます。

ある日、彼はあなたに、ほかの女性を愛してしまったことを告白します。

あなたは傷つき嘆きます。

「もう彼は、私のことを愛していないのね」
と。

そうして二人に別れが訪れます。
すでにほかの人と暮らしている彼のことを考えて、あなたは思うのです。
「今も彼を愛している」
と。

確かにあなたは彼をいまだに大切に思っていることでしょう。仕事が終わって部屋へ戻り、かつて過ごした彼との時間を思い出す。そんな日も少なくないかもしれません。

しかしながらその時語られている「愛」は、じつは「愛着」や「執着」であり、「愛」そのものとは違っているのだと思うのです。

「愛着」は継続する情緒的なつながりを相手に対して感じることであり、「執着」はそのつながりに感情的にしがみつくことです。

「愛着」は相手の存在が心になじんで安心感をくれるもので、それは、私たち人間がさまざまな場面において無意識のうちに必要としている「つながり」の感覚です。

愛着は、人にだけでなく風景や空間に対しても感じます。そしてポジティブなものに対してだけ起きる感情とは限りません。面白いことに人はネガティブな感覚にも愛着を持ち、それに慣れ親しんでいるというだけで、どこか安心する生き物なのです。

一方、「執着」に安心感はありません。そこにあるのは「どうしてもこうでなければならない」という頑固さと、何かにしがみつくような感覚で、その向こうにはあなたの内側の欠乏感があります。

それは、突き詰めていけば「自分は十分でない」という体感を伴います。

「私は私のままではいけない」

「私は欠けている存在である」

そう心の深くに感じているということなのです。

一方的に相手から別れを告げられたり、相手にほかのパートナーができたりすることで起きる悲しみは、人間としてしごく当たり前な感情であると同時に、じつはあなたが幼い頃に体験した「傷」を追体験しているというメカニズムがあります。

なぜなら、本当の「愛」とは決して傷つくものではないからです。

このことについてはこれからじっくりお話ししていきますね。

あなたが初めて愛着を持った対象は、誰でもないあなたの母親です。

それはあなたが「オギャー」とこの世に生まれてくる前、母親の胎内にいる時にはじまりました。

あなたは「子宮」という宇宙で、「へその緒」という栄養を与えてくれるコードを通じて母親とつながっているだけでなく、彼女との一体感の中でまだ「自分」という意識のないまま、羊水の中に眠っています。

そこには完璧な静寂と、やすらぎと愛がありました。

あなたは子宮の中で、母と、宇宙なる母、母なる宇宙とひとつだったのです。

女性は妊娠すると、オキシトシンというホルモンが分泌されて、子どもに愛情や愛着を感じやすくなります。このオキシトシンは「幸せホルモン」とも呼ばれています。

妊婦さんがやわらかくて幸せそうな感じがすることが多いのは、そういうわけなんですね。


お母さんが悲しんだり、苦しんだり、ケガをしたり、ショックを受けたりすると、それが、まだ「自分」というものがない胎児のあなたにも影響を与えるのです。

その時の体験は、あなたに大きく作用します。

その頃のあなたにとっての「世界」は、母であり子宮の中です。

そしてその状況は、やがてあなたが子宮という安全な環境から押し出され、母親と分離して世に送り出された後にもしばらく続きます。

子宮の中、そして言葉を話し出す前の乳幼児の時代に、あなたと母親やその代わりに面倒を見てくれた人との関わりが、あなたが世界をどうとらえるかという基礎をつくるということです。

つまりあなたは、あなたの母親との関係——愛着が安定したものだったのか、それとも不安定だったり混沌《こんとん》としていたり、ランダムだったのかという経験の積み重ね——を基にして人間関係や恋愛関係に当てはめるのです。

もしもあなたが、あなたの母親や、それに代わる人との関係が不安定だったとすると、あなたは恋愛や結婚にも不安定な感情の引き金を引くような相手を選びます。

あなたは、あなたを不安定な気持ちにさせる、相手を思う「切なさ」や「胸の痛み」「先の見えないドキドキ感」を愛だと勘違いしてしまっています。

欧米でも日本でも、多くのポップミュージシャンが、恋愛の切なさや、相手がそばにいないことの痛みを「愛の歌」として歌っています。

でも、それは本当に愛なのでしょうか?

愛、愛、愛。

愛を知りたいとあなたはもがく
いつか巡り合うその日を描く

だけどそれはいつもいつでも
あなたの中にあったもの

はじまりの時からずっと
一緒だったもの

声高に歌わなくていい
あまりに当たり前だから

ただ忘れていたそれを

思い出すだけでいい

目を閉じていただけなのに
「見えない」と暗闇を嘆く
だけどまぶたを上げればそこには
光でできた世界が開く

街角で踊らなくていい
あまりに普通のことだから
ただ忘れていたそれを
思い出すだけでいい

私たちは愛、愛、愛
それ以外何があると言うの

あれも、これも、それも
小さな命のすみずみまで
その愛の現れ

忘れられた真《まこと》を取り戻す先は
いつも私の、私の、私の中に

それは愛、愛、愛
それ以外何もここにないの

あれも、これも
大きな記憶の彼方まで
その愛の現れ

相手を思う感情が強ければ強いほど
相手を愛しているのだと
思い込んでしまうものです

私もかつては、切なく胸が苦しくなるような気持ちを、「愛」だと勘違いしていました。

当時、LINEはおろか、携帯電話さえなかった時代、電話が1日かかってこないだけで不安になったり、彼のスケジュールを把握して束縛したくなったり……と、相手を思う感情が強ければ強いほど相手を愛しているのだと思い込んでいました。

中学生の時などは、片思いの相手を見かけるだけでひざが緩み、胸が締めつけられるような気持ちになったものです。

最初にそれに疑問を感じたのは、家で観ていた米国のテレビドラマ『大草原の小さな家』で、主人公のローラ・インガルスが初めて恋に落ち、「相手を思うと胸のあたりが温かくなる」と表現していたのを聞いた時でした。

私は恋愛相手に対してそんな感情を持ったことがありませんでした。

恋の甘い感覚は知っていましたが、それはいつもどこか「痛み」を伴っていただけでなく、その痛みにほのかな快感も感じていたのです。

『大草原の小さな家』は少女の初恋の話でした。

それでも私は、それを語るローラの雰囲気に、「愛」とはどういうものなのか、ということに関しての種を植えてもらった気がしたのでした。

「恋」は、あなたの中の
無上のよろこびを引き出しますが、
必ず終わりがやってきます

不安定な気持ちになる人にしか惹かれない人がいる一方で、逆に安定した関係性の人にはときめかない人たちもいます。たとえ一時的にときめくことがあったとしても、二人の関係が安定するにつれて、そこによろこびを見いだせなくなります。


あなたは思います。

「もう私は彼のことを愛していないのだわ」

と。

それは本当でしょうか？

そもそもあなたは、その人を愛していたのでしょうか？


二人が出会い、おつきあいをはじめた頃、あなたの胸はよろこびにあふれ、相手のことを思うだけで気分が高揚し、見るものすべてが色濃く輝いたでしょう。互いに目を見合わせただけ、手を触れ合っただけで、あなたは蜜のように溶け出したいほどの幸福でいっぱいになりました。

しかしながらその頃のあなたは、まだその人のことを何も知らなかったのではないでしょうか？

その人が本当はどんな人で、何を大切にし、何を嫌い、どんな変わった性癖を持ち、どんな政治的信条を持っているかなどなど。本当には話し合っていなかったかもしれません。

あなたのほうも自分のいいところだけを見せようとして、無意識のうちに自分の一部を隠していたかもしれません。

お互いのことをまだそれほど知らないうちに生まれる、なんとも甘く、このうえない高揚感をもたらすもの、私はこれを「愛」とは区別して「恋」と呼んでいます。

「恋」とは、たとえ両思いでなくても、あなたの中にある無上のよろこびを引き出してくれるものですね。

私はヒーラーも生業としていて、日頃から学びの一環としてほかの人たちのオーラを観察させてもらうのですが、恋をしている二人のオーラ（エネルギー体）は美しく、調和して輝いており、見ていてうっとりするほどです。

恋をした時の気分や気持ちは、私たち人類の意識レベルが向上して、愛へと目覚めていく可能性を見せてくれるものだと思っています。

それは、恋する相手だけにではなく、すべての人、生きとし生けるものみなの本質だけに目を向け、甘くやさしくエクスタシーを伴う感情を感じる至福の中で生きるということです。

「恋」の特徴は終わりが来ることです。

何もかもがバラ色に見えた時間は終了するのです。

たとえば、これまで大好きだった彼の男らしさが野蛮に感じられるようになることもあります。

よく言われるたとえですが、歯磨き粉のチューブのふたの扱い方ひとつで相手に腹を立てたり、軽蔑したり。

家族思いのやさしい人だったはずがマザコンに見えてしまったり！

同じ一人の人なのに……ですよ！


「一緒にいられるだけで幸せ」と思っていたのに、一緒にいることに関してのさまざまな条件が出てきます。

それはそれで、別々に育った二人の人間が、共に快適に暮らしたり時を過ごしたりするためには大事なプロセスです。

出会ったときのあのドキドキを伴うスパークは消えていきますが、それが人間の心と身体にも健全なのです。

恋のプロセスの中から
「愛着」が生まれ、
「愛着」のある関係の中で意志を持つことで
「愛情」が育まれます

私は高揚感が消えた時にも残る「つながりの感覚」を「愛着」、そしてそこからお互いの意志を持って時間をかけて育んでいくものを「愛情」と呼んでいます。

恋は「落ちる」と表現されるように、コントロールすることはできません。その引力は強烈です。誰もが、何度もその感覚を味わいたいと切望するほどの快感をくれるものでもあります。

それに比べて愛着は、何度も話したり、同じ場を共有したりすることで深まっていきます。相手に慣れて安心していくのです。

ヒーラーの私から見ると、カップルが愛着を深める過程において二人のオーラが互いになじんでいくのが見えます。

だからといって個性や自分の意志がなくなるわけではありません。ただ波長が合っていくのです。

「空気のような存在」という表現がありますが、それくらい自然になっていきます。

この愛着の感覚は、人にだけ感じるものではありません。物や場所にも感じます。

たとえばあなたの好きなカフェのチェーン店があったとしましょう。日本中どこでもそのチェーン店に行けば、コーヒーの味が飲み慣れているだけでなく、メニューも同じで外装やインテリアなどもよく似ており、その店に入るとあなたはホッとします。

それと同じように、家に戻るといつも同じ顔、同じ匂いの人があなたを待っていることがあなたを安心させます。これが愛着です。

ところが、心の傷が深い人の場合は、ホッとしたり安心したりするより、あまり健全とはいえないような環境に置かれることのほうに愛着を感じてしまいます。

あなたに痛みを感じさせるような環境にさえ、「慣れている」故に偽りの安全を感じてしまうのです。

モラハラ夫などに虐待されるような環境から逃れられないのも、一種の愛着からです。

その状況や心で感じることが、過去の両親などあなたの面倒を見てくれた人との関係や生育環境などを思い出させるからです。

あなたは今、どんな人や環境に愛着を持っていますか？

それは健全なものでしょうか？

もしそうでないということに気づいたのなら、自分のためにそれを変える意志と勇気を持ちましょう！

自分自身を愛することを選択するのです。

それはあなたにとってどんな選択でしょうか？

これについては第2章の「自分を愛するということ」でもう少しお話ししますね。

愛情ある関係は、意志を持って取り組むことで育んでいけるものです。これに関しては第3章で扱います。

さて、これからの時代は、私たち一人ひとりが「個人」であり、一人ひとり違う考えと身体、魂を持った「個」であるということ、「すべてはひとつ」で「私たちは分かれていないひとつの存在である」ということの二つが矛盾なく表現されていく時代になっていきます。

これは、カップルや仲のいい友人同士の関係でも一緒です。

つまり、私たちの誰もが愛に目覚め、幸せになる社会が到来するということです！

これまでの世の中には、「『全体の意志や目的』のためには『個人の意志やニーズ』は犠牲にならなければならない」というパラダイム（考え方の枠組み）がありました。

そういう時代は緩やかに終わりを告げ、個人の意志とニーズが全体のそれらと調和していく時代へと向かっています。

私たち一人ひとりの選択が、自分と全体への「愛」の表現となり、一人ひとりの行動が調和を目指すようになっていくのです。

なぜなら、人はどうしても自分一人だけの幸せで満足し続けることがむずかしく、みなが幸せになることを望む生き物だからです。

こう考えると、仕事で成功してお金を得た人たちが社会貢献をしたくなるのも自然なことなのですね。

「自分を尊重する」という、
「自分への愛」が欠けているものは、
「愛」ではありません

かつての、「お国のために」と個人の命が国の繁栄のために犠牲にされた時代を経て、個を殺して企業の利益を追求する時代、そして、女性は自分が求めるものより家庭を優先して維持・存続させること、男性は家庭より仕事を大事にして家族を養うことを尊重する時代がありました。

これからは、あなたがあなた自身の幸せを追求することが、全体の幸せに貢献するという時代になってきているのです。

近年の自己啓発系などのムーブメントの中で言う「自分ファースト」の生き方は、この「個」の犠牲的選択と生き方へのアンチテーゼだと思います。個とは何か、個のニーズとは何かを追求することで振り子を逆に振り、それによって本来のあり方である個と全体の調和を見つけているのではないでしょうか。

そして、すでに多くの人が、無意識のうちに生き方やあり方を本来の方向へシフトしつつあります。

それでもとくに女性たちの中には、自分を犠牲にして他人や全体の利益に貢献しようとする傾向が強い人たちがまだまだ残っています。自分のことは後回しにして、他人や家族、全体のために生きようとしてしまう人たちです。

それは、子どもを産み育てる「生き物」として、一番重要な役割を担ってきた女性の本能なのかもしれませんが、やはりそれは古いパラダイムなのです。


私はこれを「菩薩《ぼさつ》症候群《シンドローム》」と呼んでいます。

そのモチベーションが「愛」に起因していることに疑いはありませんが、同時にそれは「愛」ではないのです。

なぜなら、そこには自分を尊重するという「自分への愛」に欠けているから。

その向こうには、「自分のニーズを満たすことと、他者や世界全体のニーズを満たすことは、共存し得ない」という誤った思い込みがあります。


これは、私のようにヒーラーやセラピストなどを生業にする人にはよく見られる傾向です。他人の幸せのために、本当に無意識・無自覚のうちに自分の幸せを犠牲にしてしまうのです。

あたかも、最後の一人が悟りを開くまで、共に苦しみの中で修行すると決めたかのように！

それは本当に必要のない思い込みなのです！

ですから私は、自分の生徒さんたちに口を酸っぱくして伝えます。

「なんと言ってもまずは自分をケアし、愛し幸せにすることで初めてクライアントさんたちに真の貢献ができるのだ」ということを。

「愛がなくては生きていけない」と思うのは

「愛がなくては生きていけない」と思うのは、
自分自身こそがそれであり、
世界そのものがそれだということを忘れているから。

相手の幸せを
自分の幸せのように感じられることが、
本当の愛です

あなたが本当に誰かを愛している時、あなたは傷つきません。

「愛」は自分や相手にとってのよいことを望むものであり、よろこびの感覚を伴うものだからです。

もしあなたが誰かを愛している（愛情でつながっている）時には、たとえ彼があなたの元から離れようとしていたとしても、あなたは相手の幸せを願うものなのです。

相手の幸せを自分の幸せのように感じることが本当の「愛」だからです。

本当の愛の感覚には、分け隔てがありません。たとえ彼がほかの女性を選んだとしても、その女性にさえ愛を感じるものなのです。

あなたが大切にしてきた彼と共に人生を歩むその女性の幸せをただただ願わずにいられないのが愛なのです。

私はまだまだそういった境地に達することはできませんが、何度かそのような経験があります。

一度は国際恋愛をしていたパートナーに、ほかの女性ができた時でした。

その時はヨーロッパと日本を互いに行ったり来たりする恋愛でしたので、

「もしもあなたが、セックスや日常をシェアする相手が身近に欲しいなら、どうぞそういう人をつくってください」

そう余裕を持って伝えていたのです。それがいざ本当になると、発狂寸前かというくらいに苦しみました。


彼のそばにいることを選ばなかった自分、二人の時間をもっと大切にしなかった自分を責め、自分から言い出したことだというのに、彼が私一筋でないということを嘆きました。

自分から言い出したので、嘆くことはできても彼を責める権利はありません。

すべてが内側に向かってきました。

私は、「痛み」や「怒り」、そして彼に対する強い「執着心」を感じました。

「彼を失いたくない」

その気持ちはあまりにも強く、私は日常生活を普通に暮らすのさえむずかしく感じるほど、このことばかりを考えていました。

その時の私を救ってくれたのは、自分のルーツのひとつでもあるヒーリングです。私は先輩ヒーラーに電話をかけ、遠隔でヒーリングセッションを受けました。エネルギーというのは時間と距離を超えて流れ、伝わるものなのです。

その熟練したスピリチュアルヒーラーの先輩は、彼と私の間にある絡まったエネルギーコードを浄化し、私の父親との関係からくる傷をオーラと魂レベルで修復し、その体験のすべてを、「自分が愛である」と思い出す機会へと変換してくれました。

トレーニングを受けたヒーラーたちは、このようなことを手伝うことができるのです。

そうして「愛」へと戻った私は、遠く離れている彼のそばに素敵な誰かがいること（彼の雰囲気から彼女が素敵な人だというのは伝わってきていました）、彼がそれで幸せであるということを心からうれしく思いました。

そして、彼の近くにいてくれる、写真さえ見たこともないその彼女に、心からの感謝が湧いたのです。

少し落ち着くと私は、その愛の感覚と痛みを行ったり来たりしながら、涙と愛の両方を、インターネット電話サービスを通じて、彼と分かち合いました。

彼はただただ私の話を黙って聞いていました。

それから1週間後、私は思い切って彼の元を訪ねることにしました。ちょうど仕事と仕事の合間に時間が取れたのです。彼が別の女性と共にいることを覚悟しての選択でした。

私の心は霧が晴れたかのようにスッキリしていました。

「彼が幸せならそれでいい」

心からそう思えたのです。そして状況がどうであれ、たった今私がしたいことを自分にさせてあげるとすれば、なんにせよ彼にもう一度会いに行くことだと感じたのです。

その後どうなるかは考えずに、私は飛行機のチケットを取りました。そして海を渡り1万キロの距離を超え、彼に会いに行ったのです。


彼の住む街に到着すると、私の胸はよろこびでいっぱいになりました。

その時の澄んだ空の色や、近所を流れる河の水に反射する光の美しさ、そこに停泊しているボートの静けさを、私は今も覚えています。

彼に別の女性がいることなど、まったく気になりませんでした。

ただただ、目の前の彼と一緒にいることだけで私は幸せを感じたのです。

興味深いことに、彼はすでにその女性とは別れていました。

彼は多くを語りませんでしたが、彼にとって私を選ぶ、私を愛するということは、そういうことだったようです。

そこには、男性ならではの愛への強い意志がありました。

それを聞いた時の私の最初の反応は、うれしさよりも戸惑いでした。まるで愛する人から大事なものを奪ったような気持ちになってしまったのです。人間の心とは面白いものですね。

次の反応は、その彼女へのコンパッション（慈しみの心）でした。彼女が感じたかもしれない痛みを、自分のもののように感じてしまいました。

それに心の中で折り合いをつけると、私はやっと彼が私を再び選び、愛することを選び、共にいることにコミットしてくれたことへの祝福がジワジワと心を満たしていったのです。

愛はよろこびと共にあるもの。
傷つくのなら、
それは決して愛ではありません

あなたが傷つく感じがする時は、文字通りあなたの過去から「傷の引き金」を引かれているのです。

もしあなたが傷つくなら、それは愛ではありません。「傷つけられた」と感じた過去の記憶の再生なのです。

その傷はどこから来るのでしょうか？

先ほども申し上げたように、お母さんの胎内にいた時からはじまって、とくに言葉を話す前の、母親や、その代わりにあなたの面倒を見た人を主たるものとしながら、父親やきょうだい、祖父母、保育園・幼稚園の教師などだけでなく、環境もまたあなたの心に傷をつくりました。

これを「トラウマ」ともいいますね。

それは、必ずしも虐待されたり、無視されたり、乱暴されたり……といった厳しい環境によってだけ生まれるものではありません。また、親に悪意があったからできたものでもありません。心理的なものだけとも限りません。それこそ母親が妊娠中に転んだことに端を発している場合もあります。

異性の親が自分のものにならなかったことで失恋したような気持ちになること、子どもが欲するよりも早く離乳を強いられたこと、排せつトレーニング、きょうだいやほかの子どもと比べられたこと、しつけと称して叱られたり、押入れやクローゼットに閉じ込められたり……と多岐に渡ります。どんな人でもトラウマのひとつや二つはあるものです。

先ほど、「心に傷をつくった」と申し上げましたが、心は目には見えません。では、その傷はどこにあるのでしょうか?

それは、脳や身体に記憶され、あなたの呼吸や神経系などに働きかけ、あなたが感じること、考えることに影響を与えています。

その傷は、あなたが少しずつでも自分の内側にある愛を感じることを自分に許し、外側にある愛に気づいてそれを受け取ることを選び、そして、愛し愛される関係を築いていく過程で必ず癒やすことのできるものです。

どうぞ心配しないでくださいね。

逆に言うとこういうことです。

あなたが自分やほかの人を愛せない時、愛でいられない時は、いつでもあなたの中にあるなんらかの「傷」である「過去の記憶」が反応しているのです。

そして、あなたが愛の本質を知り、それを感じられるようになればなるほど、この「傷」がじつは幻であったということに目覚めていくのです。

本当の強さとは

本当の強さとは、
苦しみに耐えられることではなく、
どんな行為や出来事にも、
愛しか見えなくなるところから現れる。

鏡よ、鏡、鏡さん。
世界で一番大切な人は誰？

それはいつだって、
たった一人。
鏡の前の自分。

あなた以上に、あなたを大切にできる人は、
ほかにはいないんだ。

あなたは今この瞬間に、
何がしたいの？
何を求めているの？
自分に聞いてあげよう。

その望みの向こうにある本質を満たし、

第2章

自分を愛するということ

叶えられるのは、
いつだってあなたしかいないのだから。
あなたがあなたを、あなたのままで許し、
愛し、認め、抱き締める時、
世界もまたあなたを、
愛し、抱き締める。

「私は私を愛しています」

「自分を愛する」とは、
自分の内面を眺め、
どんな自分でも
よしとすることです

これまで長い間、愛は恋愛の対象に向けられたものでないとすれば、少なくても自分以外の「誰か」に向けられるものとされてきました。

ところが最近では、その外に向けていた愛を自分自身に向けることが大切なことであるという考え方が広がってきました。

それが「自分を愛する」ということです。

これまでは、「自分を愛する」すなわち「自己愛」というものは、ナルシシズム、つまり度を超えた自己中心性であり、自分という対象にばかり興味が向いてしまう、病的とまでは言わないものの不健全な偏りのある精神的傾向のことを呼んでいました。

私がここで言う「自分を愛する」というのは、もちろんこのナルシシズムとはまったく違ったものです。

なぜなら私のごく私的な見解では、ナルシシズムというのは精神の未成熟からはじまるものであり、よって自分のことも本当には愛せてはいないことだと思うからです。

人が自分を愛するためには、まずは自分が何を考え、何を感じているかを知るところからはじめなければなりません。

それは自分に対して、いい気分も悪い気分も感じて受け入れる強さを必要とします。

人は自分に対してのイヤな気分を受け入れるだけの精神的な強さを持たないと、その気持ちを内側に収めておくことができずにほかの人にそれを投影してしまいます。

その強さを持たない人たちは、自分が自分に対して持っているイヤな気分を誰かほかの人のせいにすることで、自分の中には存在しないことにして生き延びてきました。

「自分の感情を扱い切れない」ということです。

あなたは、さまざまな理由を見つけては、あなた以外の他人を裁きます。そうやって自分を守ろうとしているのです。

ただの自分の考えや物の見方に過ぎないものを、まるで自分が神様であるかのように振る舞って他人をジャッジし、正誤、善悪、好き嫌いを決めて、憤ったり、憎んだり、嫌悪感を持ったりするのです。
あなたがほかの人をジャッジしているその時に、あなたの中で起きていることは、あなた自身があなたに持っているイヤな感情を感じないようにし、過去のイヤな記憶の引き金を引いているのです。

そのイヤな気分の大元をたどると、こちらもまた受精してから3歳くらいまでの経験に根ざしています。
それはオムツが濡れていた不快感とか、あなたのウンチやオシッコで母親が不快になり、「臭いわね～」とイヤな顔をされたり、そのことで辱められるような感情的体験をしたことだったりするかもしれません。

また第1章でお話ししたように、母親や、子どもだったあなたの面倒を見てくれた人があなたに対して持った感情だけでなく、その人が自分自身をどのように感じていたかを感じ取って自分のものにしてしまったのかもしれません。お父さんとの関係に不満を持っていて、無自覚の怒りや悲しみを抱えていたのかもしれません。

あなたは「自分が絶対的に正しく、ほかの人は間違っている」と信じ切って暮らしています。そしてそれをまた外の世界へ投影し、「他者から攻撃されている」という勘違いも生み出します。

この心の動きは、心理学者のユングによって「影」と名づけられました。私の言葉で言えば、影とは「あなたの心の中にありながらも、あなたが認めることのできないあなたの一部」です。

あなたは、自分の見るもの、考えることが絶対的に正しいと信じ込んでいます。しかしながら、あなたが自分の心を少しずつでも眺めはじめると、その「自分の正しさ」にこだわる心があなたをちっとも幸せにしていないことに気づくでしょう。

もしもあなたが愛に目覚め、日々幸せを感じて生きられるようになりたいとしたら、まずそのような他人へのジャッジや、そこから来る感情が「自分のものだ」と認めるところからはじめましょう。自分の思考や感情に責任を持つのです。

そうして他人の中に見ていたものはあなた自身の心の「影」であるということ、感情的な反応があるときも、「これは自分の感情なんだ」「自分に見えている限り、それは自分のものだ」と認めましょう。

それが少しずつでも腑《ふ》に落ちるようになれば、あなたは「自分が他人に対して持っていた感情は、じつは自分に向けられていたものだ」と気づきます。「自分が忌み嫌い、怒りを向け、裁いていたのは、ほかでもない自分自身だ」ということに気づくのです！

これに気づくことは、人の進化にとって、とても重要な部分を担います。

それはあなたが、あなた自身をあなたの世界の創造者と認めることの第一歩だからです。

これに関してはあとでもう少し詳しくお話ししますね。

自分が愛であることに
目覚めはじめると、
隠されていた
「傷」が自覚されます

私はかつて自立したビジネスウーマンとして、音楽やファッション、芸能の交錯する業界において一目置かれる存在でした。

20代で起業し、30代の初めには周りの誰よりも先に成功し、ブランド物の服や靴、バッグなどに囲まれ、海外でのバカンスを楽しみ、ドイツ車のオープンカーを運転し、華やかな人たちと交流する……。

誰もがうらやむような人生を生きていました。

しかし、「はじめに」にも書いたソウルメイトとの出会いでスピリチュアルな目覚めが起きた後に、私は自分でも知らなかった「自分」と出会うことになるのです。

最初は、ただただ「自分が愛である」という感覚でした。

見るものすべてが美しく、やさしく、愛おしい。

何もかもが新鮮でした。

それが緩やかに終わっていくと、次に露わになったのは、これまで自分が自分に隠していた「傷」でした。

愛へと目覚めたことで、それまで隠していた部分に光が当たり、表面化してきたのです。

別の視点で見ると、私は私自身により深くつながったのでした。

「自立した素敵な私」というのは表面的な自分であり、自分が自分の傷に触れないためにつくり上げたマスク＝仮面の自己だったのです。

そのマスクの下に隠れた自分は、肉体を持ってこの世界に存在していることを恐れ、人に見捨てられることを恐れ、誰かに裏切られることを恐れ、何かを奪われることを恐れていました。

まさしく、「恐れの総合商社」のようなありさまでした。

人からもらうことばかりを考え、他人の立場を理解できず、意地が悪くてずる賢いうえに嫉妬深く、低い自己価値を隠すために常に人の優位に立とうとしている自分を見つけたのです。

マスクの下にあったのは、強烈なまでの「自分は自分のままでは不十分だ」という思考と感覚です。

何より私は、そんな自分を嫌っていることを知りました。

アメリカのお金持ちが行く寮制の学校を卒業し、ロンドン、ニューヨークなどに住み、お金もキャリアも、他人からの尊敬も人気もあり、肩書きの素敵なボーイフレンドを数年ごとに変え、ことあるごとに毛皮やら、バーキンやら、ロレックスやら……とプレゼントをもらってもなお、私は自分のことをちっとも好きではないことに気づいてしまったのです。

自分のしてきた行動の多くが、自分は不十分であるという気持ちや、それを他人に知られることの恐れなどを埋め合わせるためであり、何よりその気持ちを自分で感じないため、それをほかの人に気づかれないためだったということに気づいた時は、本当にショックでした。

「素敵な私」という仮面をつけた私の内側は、じつはあまりにも傷だらけだったのです。

それに気づいてしまった私は、自己憎悪のあまり何度自分を殺してしまいたいと思ったことでしょう。

絶望と無力感のあまり、「自分を消滅させたい」「消えてなくなりたい」と思ったことでしょう。

あなたの「傷」は、
自分自身を受け入れ、
愛することで
必ず癒やせます

そこから、私の「私を愛する道」がはじまりました。

そんな私だからこそ言えることだと思うのですが、ネガティブな感情や、自分自身に対してイヤな感情を持っている方は、ある意味幸いです。

なぜなら、それはあなたの「傷」という過去の記憶——じつは盛大な勘違いのようなもの——を、あなたからあなたへの愛、つまり、あなた自身を愛すること、愛情をかけることで癒やすことができるからです。

どんな感情も歓迎しましょう。

苦しみも痛みも悲しみも。
嫉妬も怒りも。
「捨てられたくない」としがみつくような気持ちも。
恥ずかしさや罪悪感、「誰も愛せない」という気持ちも。
それは全部、**あなた自身のあなたへの愛で癒やしていくことができる**のです。

あなた自身がもっと深い愛へと目覚めるチャンスをくれるものなのです。
それにはまず、心に決めてください。

「どんな自分でも受け入れて、どんな自分でも愛します」

と。

矛盾するようですが、「自分を嫌う自分」も、です。

どんな感情や思考を持つ自分が現れても、それを認め、それでよしとするのです。

それには二つの方法があります。

ひとつは、その感情を感じている自分と一緒にいてあげるというやり方です。

もうひとつのやり方は、それを感じている自分を客観視するという方法です。

客観視するというのは、決してあなたの気持ちを自分から切り離すということではありません。感じている自分を同時に外側から見るということです。

そうすると私の場合は、しばしば笑いがこみ上げてくると共に、自分のことが愛おしくてたまらなくなってきます。

いつの間にか泣き笑いしながら、この泣いたり笑ったりしているヘンテコな自分をあきらめずに、一緒にいます。

そのままの自分を愛するのです。

あなたの傷の下には、宝物が隠されているのです。

その傷を癒やし、自分を愛するプロセスの中で、あなたはあなたが忘れていたあなた自身の本質である愛と、あなたならではのユニークな宝物——ギフト——を見つけます。

たとえば私は、自分の傷を見つけ、それを癒やせば癒やすほど自分が愛であることに目覚めると共に、これまで気づいていなかった自分の才能にも気づくことになりました。

それまでの私は、自分がまあまあ優秀なビジネスパーソンであるということは受け入れていましたが、自分が歌い手であり、踊る人であり、文章を書く人であるということや、世界に美しさを見いだす繊細な感覚の持ち主だということはまったく忘れ去っていました。

痛々しい傷の癒やされた奥にあったものは、木々の声を聞き、花の香りに酔い、雨と歌い、神様の声を内側に聞く私でした。

世界に起きていることや仕組みに興味を持ち、その本質を心で理解できる私がそこにいました。

それと同時にヒーリングや見えないものを知覚する力も開いていきました。傷を見つけ、それが癒やされるほどに、私は自分が才能の宝庫であることに目覚めていったのです。

今現在の私は歌い手としてソロアルバムのレコーディングを準備中で、作詞作曲など、制作の過程を楽しんでいます。この本が出る頃には出来上がっているかもしれません。

複数の本の出版オファーがあり、ホールでのライブを控えています。

これらのことはみな、自分を癒やしたことで現れたのです。

アーティストのマネジメントをする会社の社長だった頃は、これらの何ひとつも自分にできるとは思っていませんでした。才能は、所属アーティストのような生まれながらに特別な人たちだけのもので、自分自身にそれがあるとはまったく思えていなかったのです。


それは私だけに起きたことではありません。

私はヒーラーとしてこれまで個人セッションやワークショップ、講座で何千人もの方と関わらせてもらってきましたが、どなたも同じようなことを体験なさいます。

その中には、毒のある両親との間で引き起こされた悲しい生育歴、惨めな社会人生活、中には性的虐待や暴行に遭い、そのトラウマの結果として摂食障害などを持つ人たちもいました。

彼らは自分を癒やし、愛していくことで、誰もが自分自身ならではの美しいエッセンスと才能＝ギフトに出会います。

ある人は画家として個展を毎年開催するようになり、ある人はホステスを辞めてヒーラーとなりました。また、人前で歌ったり踊ったりするようになった人もいます。

家庭こそが自分の居場所だということが腑に落ちて、家庭に戻っていく人もいますが、それまでの義務としての主婦業や主夫業をしていた頃とはまったく違う場所に行きます。

自身のギフトの表現としての家づくりへパラダイムシフトするのです。

その多くに共通するのは、「たとえ社会的に何をしていても、自分自身がこの人生を形づくる芸術家だ」と知ったことです。

自身と人生の美しさを知り、そこから創造する人になるのです。

そんな思いを込めて、私の主催するヒーリングスクールは「Somi Life Art School」という名前にしました。

あなたも、傷だと思っていた自分の心をもっと深く掘り下げることができれば、自分ならではのユニークな才能＝ギフトを見つけることができるでしょう。
そして、自分の心のもっと深い場所には、私たちの本質である愛しかないということがわかるでしょう。

そこには、愛のさまざまな側面だけしか存在しないのです。

繰り返し練習することで、
あなたは「そのままの自分」を
受け入れられるようになります

世の中には、「一瞬で世界が変わる」「たった1分で自分が変わる」などというインスタントな変容や目覚めを約束するようなメッセージがあふれています。

それらは決してウソではありません。

私たち人間は、そんなふうに一瞬で傷が癒やされ、簡単に生まれ変わったように愛に目覚められるのです。

人間とは、ほんの一瞬で自分の本質につながり、それを生きられる可能性を持った生き物なのです。

しかしながら、私たちのほとんどが「時間」という幻を生きています。幻という言葉に語弊があれば、「時間」というコンセプトにみんなで同意して生きているといってもいいでしょう。

これは何を意味するのでしょうか？

たいていの人は、何かを習得するのに時間がかかるということです。

別の言い方をすると、**習得するためには「反復練習」が必要**であるということです。

それはあなたが、「あなた自身を愛する」ということにおいても例外ではありません。

あなたが自分を愛していないことに気づかされる状況や、自分に対するネガティブな気持ちは、生きていくうえで何度も現れることでしょう。


こういう私だって、年中そのような自分の気持ちに遭遇します。

自分の本当の気持ちに気づけずに、他人に嫉妬しているのを隠そうとしたり、自分が不十分だと感じて自身の可能性を制限するようなことをしてしまったり……。それこそ年中です！

「えっ？　綜海さんでもそうなんですか？」

クライアントさんや読者さんに聞かれることもしばしば。

はい。正直に言いますね。

私もいまだにそのような自分の気持ちに気づくことがあります！

そしてそれは私に限ったことではなく、あなたが素敵だと思っているスピリチュアルや心理学・自己啓発のティーチャー、ベストセラー作家、有名ミュージシャンや芸能人、実業家なども同じだと断言します。

何しろ私は彼らの私生活を知っていますからね（笑）！

彼らとあなたに違いがあるとしたら、そんな自分のままで、自分に「イエス」と言えるかどうか、そういう選択をしたかどうかの違いだけだと私は思うのです。

自分に「イエス！」と言うのは、別の言い方をすると「自分を愛する」ということです。

どんな自分にも「イエス」と言うのは、自分への愛がなければできないことなのですから。もちろん「自己肯定感」というとらえ方もできますが。

「自分を愛する」というのは、そのような気持ちであるほかに、自分自身を実際どう扱うかということも関わっています。

つまり、「自分を大切にする」ということです。最近いろいろなところで言われるようになった「セルフケア」は、じつは自分への愛の表現だと私は思っています。

セルフケアをすることで、私たちは自分をできる限り本質に沿った状態にすることができます。愛に戻りやすい状態になれるということです。

私の前著『あなたがここにいることの意味』（クローバー出版）でも書きましたが、あなたの身体はこの世界におけるあなたの「魂」を収める神殿です。

このセルフケアでもっとも強力なのは、私たちの魂の神殿である身体のケアをすることです。なぜなら、それは心のケアにもつながっているのですから。

現代は、すでに心と身体の関係がたくさん解明されています。

たとえば運動をすると、脳から気分のよくなるホルモンが出て幸福感を感じやすくなります。また、インナーマッスルを鍛え、身体の中心軸を強めれば、それはあなたの考え方にも影響をおよぼすことがわかっています。

ここでちょっと体をひねって肩をすくめ、斜め下のほうを見てみてください。どんな気分になりますか？

次に今度は姿勢を正し、丹田のあたりを感じ、頭頂から足の裏まで身体の中心に1本の軸が通っているのを感じてみます。

いかがでしょう？

心の状態に変化はありましたか？

感覚の違いは感じられましたか？


これは、「姿勢を正せばいい」というだけの話ではありません。適切な筋肉の発達や活性化がないまま、「こうあるべき」という見地から姿勢だけを直すと、身体に無理がかかってしまうからです。


私は、自分の心を整え、自分や他者への愛を感じ、女性としての生きるよろこびを味わい、人生の目的を生きるためにも継続してジムに通っています。パーソナルトレーナーの指導の元、インナーマッスルを活性化し、柔軟性を向上させ、身体のバランスを整えることを続けています。

もしもあなたが更年期を過ぎた女性でしたら、なおさらこのことが重要になってきます。年齢が上がり女性ホルモンが減少すると、筋肉量が自然に減っていくからです。

あなたがもっと愛を感じられる自分になるためにも、夢を叶えるためにも、身体のケアは不可欠なのです。

身体も含めたセルフケアをして自分を大切にするためには、あなた自身が本当に何を望んでいるかを知る感度を高めていくことです。

自分が本当は何を感じ、何を求め、何によろこびや痛みを感じるかを知らなければ、その向こうにあるあなたのニーズ（必要性）も叶えてあげられないのですから。

人には７つの
チャクラとニーズがあり、
それを満たすことで
人生が充実していきます

ニーズ（必要性）について説明する前に、人間の持つエネルギー体について少しお話ししておきましょう。

エネルギー体は、古くから「オーラ」と呼ばれてきました。あなたもその言葉は聞いたことがあるかもしれませんね。

オーラとは、何かに優れた人やカリスマ性のある人だけが持つものではなく、誰にでもあるものです。「肉体あるところにオーラあり」なのです。

オーラは、身体に重なりながら身体の外にも広がっている私たちの意識体（意識エネルギー）のことで、周りの人や環境と常に情報を交換・共有しあっています。

また、外からエネルギーを取り入れたり、解放したり、いらなくなったエネルギーを排出したりします。

そのエネルギー器官は「チャクラ」と呼ばれ、それぞれのチャクラにそれぞれ肉体的、感情的（心理的）、霊的ニーズがあります。

チャクラは円錐状のエネルギーの渦で、エネルギー体に無数にありますが、主なものは第1チャクラから第7チャクラまでの7つです。第2チャクラから第6チャクラまでは、呼応するように背面にも存在するので、実際には基本の12のチャクラとも言えるのですが、ここではまず7つに分けて説明しますね。

【第1チャクラ】

身体の骨盤底筋の真ん中から下に向かって存在します。

生きること、生き残ること、この世界に存在すること、土地とのつながりなどを司っています。

地に足をつけてこの現実社会をしっかり生きること、部族単位のつながりなどもここにあります。

【第2チャクラ】

下腹部骨盤の真ん中あたりにあります。

セクシュアリティや性的快感、官能性、自己感情などを司っています。

【第3チャクラ】

太陽神経叢《たいようしんけいそう》――ちょうどみぞおちあたり――にあります。

自分とはなんであるか、自分らしさや自信などといった自分自身との関係、論理的な思考などを司っています。

【第4チャクラ】

胸の真ん中あたりにあります。

他人や動物、物質に対する愛情と関係性を司っています。

あなたが何かに愛情を感じている時は、このチャクラが活性化し、アクティブに働いています。

【第5チャクラ】

のどの真ん中にあります。

表現のチャクラです。言葉にすること、本当に思っていることを伝えること、内側で感じているアイデアや思っていることを外に表現すること、個人の中にある神聖な意志を司っています。


【第6チャクラ】

額にあります。

性的なエクスタシーを超えた神聖なるエクスタシー（身体を通して感じる神のレベルのエクスタシー）を司ります。

未来のビジョン、先を見通す力などを司るのもここです。


【第7チャクラ】

頭頂にあります。

ズバリ神とのつながりを司ります。

第5チャクラよりさらに神聖で純粋な神の意志です。また、抽象度の高いコンセプトを理解したり、そのような思考ができたりするのは第7チャクラの発達にかかっています。

人には7つのチャクラに合わせたニーズがあり、それを満たすことで人生が充実していきます。
それぞれのチャクラのニーズとその満たし方、ケアの方法には、以下のようなものがあります。

【第1チャクラのニーズ】

生存すること、生き残ること、身体を通して存在することというニーズがあります。

あなたが確かにこの世界にいて、「しっかりと地に足をつけて生きているのだ」ということを体感し、生き残ることのニーズです。

第1チャクラのニーズを満たして活性化するためには、とにかく身体を動かすこと！　下半身を使う運動はとくに有効です。足を踏み込んだり、シコを踏んだりするようなエクササイズをしてください。

それから骨盤底筋を活性化させるのも大事です。女性なら膣、肛門、尿道を、男性なら肛門、尿道を意識して、そこを締めたり緩めたりするようなエクササイズを日課にしましょう。

自然の中ではだしになって土や砂の上を歩きましょう。雨や風、太陽の光を感じましょう。

このチャクラには、第2チャクラと共に、人間の動物的側面（野生）も関わっています。夕暮れの丘に立って、遠吠えや雄たけびをあげたくなるようなプリミティブな欲求もここに属しています。満月の夜には遠出をして、声を出してみるのもいいかもしれませんね。踊ることも役に立ちます。

【第2チャクラのニーズ】

自分の身体の感覚を愛し、楽しみたいというニーズです。

自分の内側にある、躍動する動物のような生き生きとした生命力を感じ、生きるよろこびを感じたいというニーズです。それは性的なよろこび、官能のよろこびにもつながります。

このチャクラのニーズを満たすには、骨盤を回したり、緩めたりすることが役に立ちます。とくに自分の身体を楽しむようなことをすることです。

お気に入りのバスソルトを入れて官能的な音楽を聴きながらろうそくを灯し、ゆっくりとお風呂に入る。泡風呂などもいいですね。それからゆったりした音楽を聴きながら腰を揺らすように踊る、などです。

バラの匂いをかぎましょう。これは、このチャクラとハートチャクラ（第4チャクラ）の両方に強く働きかけてくれます。

【第3チャクラのニーズ】

知的な理解を求めるニーズです。

自分自身のことや、この世界がどんな場所かを理解したいというニーズです。どこまでが自分で、どこからが他者なのかを理解することも含まれます。

このチャクラのニーズを満たすためには、決めごとをしてそれを守ること、論理的にものを考えることと共に、「自分は自分のままで十分だ」と認識することも大事です。

また、好ましくない状況や他人からの介入には「ノー！」と言うことです。

それはあなたの望みでしょうか？

それとも近くにいる誰かのそれではないでしょうか？

これは自分と他人の境界線をはっきりさせるということですが、これについては後ほどまたお話ししますね。


【第4チャクラのニーズ】

他者や動物、物、場所などと、愛情や愛着の感覚でつながるニーズです。

すなわち、「愛し愛されて生きる」ことを求めます。

とくに「愛したい」という欲求は、あなたが思っている以上に強いものです。

これに目覚めている人たちは他者に貢献することに強いよろこびを感じます。

人は「愛されたい」以上に「愛したい」生き物なのです。

第4チャクラのニーズを満たすためには、何か自分が愛したい対象を決めて、それに集中することです。

たとえば、配偶者やお子さんはもちろん、ぬいぐるみ、大好きなペットなどを眺める。目の前にいない時には、それを思い浮かべながらハートのあたりに意識を向けて、そこを感じます。

【第5チャクラのニーズ】

自己を表現することと、自分の人生の使命を生きるニーズです。

人は誰でも自分を表現したいと願い、自分の人生の使命を知ってそれを生きたいと求めます。

このチャクラのニーズを満たすためには、自分を表現する一環として、歌うことがとても役に立ちます。ほかにも、踊ったり文章を書いたりすることもこのチャクラが司っています。

そして、自分の伝えたいことを相手に告げること。本当のことを言うことが大切です。

先日とあるイベントでブースに出展していた時に、首にコルセットのようなものを巻いた女性がやって来ました。私は講演とワークショップの合間で時間があったので、私のことを何も知らずにやって来たその人に短いヒーリングをさせていただくことにしました。

彼女はコルセットを外し、ヒーリングを受け取るために、私の手を受け入れました。

そこで私は彼女に尋ねてみました。

「誰かに伝えたくて、伝えていないことはありませんか？」

と。

彼女はすぐになんのことかを理解したようでしたが、それを相手に伝えることをためらっていました。が、数分のヒーリングで覚悟が決まったようで、そのことを相手に伝える約束をして帰りました。

その後少し経ってから、彼女はＬＩＮＥ＠で、相手に伝えたかったことを伝えたこと、首の痛みは消えてなくなったことをメッセージしてくれました。

首はまさに第5チャクラ。自己表現の領域であり、「本当のことを話す」という場所なのです。

【第6チャクラのニーズ】

スピリチュアルなエクスタシーを感じるニーズです。

霊的なよろこびというと、何かすごく遠いところにあるように思うかもしれませんが、そんなことはありません。あなたも知らないうちに感じているかもしれません。

それは神聖なよろこびです。神に祈りを捧げている人たちや瞑想家などは、しばしばこのスピリチュアルなエクスタシーの中にいます。

このチャクラのニーズを満たすためには、身体感覚を保ったまま第6チャクラに意識を向けた瞑想をすることが役に立ちます。

身近な人間関係などを超えて人類を愛する気持ちもこのニーズに起因します。また、人類の未来を見て、それを生きたい、理想の道を行きたいというニーズもあります。

愛としてのあなた、神としてのあなたの最高の未来を描いてください！

【第7チャクラのニーズ】

神、または宇宙、大いなるものなど、自分を超えた大きな存在を知りたいというニーズです。また、そういったことにまつわる抽象度の高い思考への欲求もあります。

これはしばしば自然の中でボーッとしていたり、荘厳なクラシック音楽を聴いたりすることなどで満たされます。

瞑想したり、我欲を満たすためでない純粋な祈りをしたり、広く周りを見渡せる場所に行くのもいいですね。

各チャクラそれぞれのニーズを叶えてあげることができるのは、自分自身しかいません。

他人への愛情を行動で示そうとする方は多いと思いますが、自分への愛もまた、行動を伴うのです。

この7つのレベルのニーズを自分で満たしてあげるには、自分自身との対話が大切です。

自分とつながり、自分との対話することなしには、今あなた自身が何を本当に求めているかはわからないのですから。

自分の「ニーズ」に耳を傾け、
行動で満たすことは、
自分を愛する方法です

自分とつながり、自分と対話をするには、どうすればいいのでしょうか？

まず、呼吸に意識を向けます。無理に深呼吸をしようとしなくても大丈夫。呼吸をしている身体にただ意識を向けるのです。

すると、自然に息が深くなってくるのがわかります。そうしたら、自分の身体を隅から隅まで感じてあげてください。頭や手、足などよく使う場所だけでなく、胸も、下腹部も、それこそ生殖器や足の裏など、とにかく身体全身を感じてみましょう。

それから自分の胸に手を当てて自分に聞いてあげます。

「今、私にはどんなニーズがあるのだろうか？」

「自分は今、何を求めているのだろうか？」

「私はどんなことを必要としているのだろうか？」

水を飲みたい、外へ出て伸びをしたい、身体を激しく動かしたい、どこか静かなところで一人になりたいなど、さまざまなものがあることでしょう。

あなたが仕事や家庭に献身するあまり、自分のニーズを無視する習慣があったとしたら、最初はその声に耳を傾けることに多少のチャレンジを感じるかもしれません。

それでも繰り返し自分に戻って自分のニーズに耳を傾ける練習を続けることで、たった今、何を自分が求めているかが自然にわかる体質になっていくことでしょう。

自分のニーズを知ってそれを自分で満たすことは、自分を愛することです。それを感じて自分を満たすこと、自分のケアをすることで、どうかご自身への愛を行動で示してあげてくださいね。

先にも書きましたが、あなたの身体はこの世界におけるあなたの「魂」を収める神殿です。

日本という国において、「神殿」とは、お寺とか神社の奥深くにあるとても大切で神聖な場所です。

それが、毎日毎日一緒にいる、あなたの身体なのですよ！
あなたは日々魂の神殿と共にいるのです。
その大切で神聖な場所のケアをするのは、あなたの仕事です。
それは自分に愛情をかけることであり、自分を愛することであると同時に、
ほかの人を愛せる自分になるための土台ともなることなのです。

自分に対する愛情を感じ、
行動で示し、ケアすることは、
自分自身を愛することにつながります

ここでは、「愛する」ということをさまざまな角度でお話ししていきますが、人が人を愛する時には二つのレベルがあります。

ひとつは感情的に「愛情を感じる」ということ。

そして、もうひとつは、それを「行動に移す」ことです。

ですから、あなたはご自身に対して愛情を感じることのほかに、その愛を「行動で示す」ことをしていただきたいのです。

そうすることで、あなたはより「愛を感じられる人」になっていくのです。

私が自分を愛することに取り組みはじめた頃、最初にしたのは食事を健康的なものに変えることでした。

当時私は極端なグルメに走って、飽食の限りを尽くしていました。

脂肪分の高い味わいの濃いものが大好きで、週に3回は本格的なフランス料理のフルコースを食べていましたし、毎日近所の有名なケーキ店に通って、1日3個ものケーキを平気で食べることができました（笑）。

また、お酒の量も半端ではありませんでした。仕事が終わるとシャンパンからはじまって、食事中にワインをいただき、その後、さらにバーでカクテルやウィスキーを楽しみ、そのうえでクラブに行き、何杯ものテキーラを飲む……（笑）。

それが朝まで続くというのが毎日でした！

そのうえで、朝4時に締めのラーメンを食べるというのが、普通の日々だったのです。

ですから私は毎朝起きるのが辛く、身体は常に重たく、気分にムラがあり、お酒を飲まないとイマイチ気分が上がらない感じでした。

それが何度か断食をし、野菜、玄米中心の食事に変え、お酒は10年もの間きっぱりやめました。

今ではお肉もお酒も適度に楽しめるようになりましたが、一時的にはすべてやめなければならないほど依存していたのです。

食事を健康的なものに変えたことは、私の心に大きな変化をもたらしました。

朝、目が覚めた時の気分が違います。また、さまざまなことに関する感受性が大きく変化しました。

それから100足持っていたハイヒールを5足だけ残して処分し、ダンスクラスに通ってははだしで踊り、靴を脱いで自然の中を歩いて地面を感じることを楽しみました。

毎日、自分が何色のどんな服を着たいかを自分に尋ね、現れた答えを実行しました。それがクローゼットになければ買いに行って自分を満たしました。

一人静かに座り、雨の音や虫の声を聴き、瞑想を日課としました。禅修行をしていた時代は、毎朝4時半に起きて禅堂で座禅を組みました。

絵を描き、歌を歌い、大地に祈りを捧げました。

こうやって自分のケアを続けるほどに、私は自分の心と親密になっていきました。

自分が本当は何を欲しているか、どのようなニーズがあるのかに敏感になり、それを満たしてあげることで、自分にも、周りの人たちにも、動物や植物、海や空といった自然のものだけでなく、人間のつくった人工物も含めて、もっともっと愛を感じられる自分になっていったのです。

できる人じゃなくていい

できる人じゃなくていい。
愛される人でさえなくていい。
それでもなんとか生きていく鍵は、徹底的な自己受容かな。
そして素直さ。
それから、世界はやさしいところだと信頼し続けること。

さまざまな
「違った境界線」を意識することで、
自分を尊重し、
愛する心が強まります

自分を愛することに関して、大切なことがもうひとつあります。

「境界線を知る」ということです。第3チャクラのニーズでも少しお話ししましたね。

境界線というのは、すごく簡単に言ってしまうと、「どこまでが自分の領域で、どこからが他人の領域かを知って、その間に線引きする」ということです。

時間、お金、場所、空間、感情。

これらのどれにも境界線があります。

もしもあなたが、いつも他人のニーズばかりを大事にして、「自分が我慢すればいいや」と耐え忍んでいたり、「本当はイヤだ、やりたくない」と感じているのに、仕方なくやって自分を犠牲にするクセがあったりするのなら、それはほかの人との間に境界線が引けていないのです。その結果、自分を愛し尊重していないということになるのです。

人にぞんざいに扱われたり、利用されたりすることが多いなと感じるようであれば、それも同じです。自分と他人の間に境界線が引けていないのですね。

どこまでが自分で、どこからが他人だ、ということを分けることができなくなっているということです。

あなたはそのような状況や人に気づいて境界線を引き、自分のほうから「ノー」と言わなければなりません。


それは、実際に口に出して言わなければならない状況もあれば、ただ心で決めるだけで変化する場合もありますし、黙って背を向けて、その場所から立ち去る必要があるかもしれません。

あなたがそれを選んだことで、悲しい気持ちになったり、怒ったりする人もいるかもしれません。

それでも、自分への愛を優先して選択する強さを持ってください。

その感情は相手のもので、あなたのものではないのですから！

「自分はどうしたいのか？」ということにもっと意識的になりましょう。

日々の出来事に対して反射的・反応的に生きるのではなく、ちょっと自分に聞いてみる練習をしてください。

もちろん仕事や家庭、とくにお子さんとの関係性においては、いつでも「自分のニーズ」だけを主張して通すわけにはいかないことも多々あることだと思います。

それでも自分のニーズがなんなのかを明確にし、これまで通りオートマチックな反応で対応するのではなく、意図的に選択すること、「自分の意志でそれをやっている」と自覚することで、あなたは自分のニーズに耳を傾け、自分を愛することに一歩近づいたことになります。

つまり、「自分は今こうしたい」という自覚を持ち、この関係性、または「この人（子ども、配偶者）を大切にする」ために、彼らのニーズを優先する選択をすると自分の意志で決めることです。

これは言葉の違いだけのように見えるかもしれませんが、実際のあなたの心に与える影響は小さくありません。

なぜならそれは、自分が自分の人生の創造者として「自分で選択している」のか、それとも自分は周りの人間や状況の被害者、悪く言えば奴隷であって、「自分には選択の余地がない」と感じるのとでは、心に受ける影響はまったく違うものになるからです。

そして、あなたが相手のためにした選択は、あなたの本当にしたかったことだったと気づくことも多いのです。

このように、どんな自分も感情も歓迎して一緒にいること、自分とつながって自分のニーズを知り、自分の心、身体、魂のお世話をしてあげることは、あなた自身を愛情をかけて愛することです。

そして、これを何度も繰り返すことによって、あなたは「あなたを愛するあなた」になっていきます。

自分を愛しはじめると、あなたの心にも生活にもさまざまな変化が現れます。

あなたは、「自分であること」に満足できるようになり、その行動はさらに自分を大切にするものへと変化していきます。

仕事や人間関係も、これまでよりずっと充実したものになっていくでしょう。

その結果、あなたの生活が自分への愛の表現となり、日々の暮らしの中によろこびと幸福感が増していくのです。

生きてるだけで十分！「あなたならでは」の歌を聞かせて

何もやらない。
何もしなくていい。

何かが上手だったり、人よりきれいだったりする必要のない、素のままのあなたで。
そういうそのまんまの自分でいることこそ、世界に自分を与え捧げることであり、他者という世界の代表に、愛させてあげることでもある。

「愛させてあげる」という表現をしたのは、人は愛することができるとき、本当に幸せだから。

無条件に誰かを美しいと思えることは、
何にも代えがたい幸せなことなんだよ。

だからね、
おっぱいが垂れているとか、
才能があるとか、ないとか、
お腹が出ているとか。
そういうどうでもいいことで自分をジャッジして自分を引っ込めること
とは、
ほかの人があなたを愛する機会をも奪うことになることを知っていて
欲しい。
美醜、優劣を超えた本物の美は、いつだって私たちの中にある。
いや、私たちはいつだってそれそのものなの！

だからね、

生きているだけで十分、
息をしているだけで十分
（死んでても十分！）。
そのことを一気に自分に認めてしまってください。
「私は私のままでいい」

誰かを愛すると、
何かをしてあげたくなるのは、
自然なことだね。

だからと言って、
何かをしてあげなくちゃ「いけない」ということはないのよ。

相手のために自分を犠牲にしたり、
我慢したりすることもない。

相手も自分も、関わる人みんなが、
満たされて幸せになっていい。

そういう道がある。

そう決めると、
これまで見えなかったやり方や、あり方が見えてくる。

それは自分もその関係性から、

「欲しいものを受け取っていい」ということ。

「私は愛を与え、受け取ります」

第3章 人を愛するということ

人と人との関係は映し鏡。
自分が自分を愛するようになると、
人からも愛されるようになります

あなたが愛あるパートナーシップをつくりたいと望んでいるのだとしたら、最初に取り組むべきは、第2章でお話ししたように、自分との関係性を気持ちのよいものにすることです。どんな自分も許し、愛するということですね。

あなたと他人との関係は、自分と自分との関係の映し鏡です。

あなたが自分を愛し、尊重することができると、それにふさわしい関係性が創造されていきます。引き寄せられると言ってもいいでしょう。

「引き寄せ」とはなんでしょう？

英語には、「Like attracts like」という表現があります。日本語に訳すと「同じようなものが同じようなものを引き寄せる」という意味になります。日本語の「類は友を呼ぶ」という表現は、これに近いと思います。

これは、「人」だけではなく、「状況」にもいえることです。

あなたの今〝ある〟状態が、あなたの創造するものになるのです。

つまり、もしもあなたが自分自身を大事にしていなければ、あなたを大事にしてくれない人が現れ、あなたがご機嫌に生きていれば、同じようにご機嫌な人があなたのところにやって来るということです。

これは男女関係に限らず、家族や職場、友人との関係でも同じです。

もしかしたらあなたは、自分をないがしろに扱うことをやめないままで、辛かったり、不満だったりする状況から救ってくれる魔法使いや王子様、スーパーマンを待っているのではないでしょうか？

ちょっと考えてみてください。それは現実的でしょうか？

あなたは、あなたが無意識のうちに「自分にふさわしい」と思っている状況をつくり上げているのです。

ですから、あなたが他人と愛ある関係を築きたいとすれば、何よりもまず自分を愛することが一番の近道だということを知っていてください。

だからと言って、あなたが完璧に自分を愛せるようになるまで、職場やママ友との関係がよくならないとか、理想のパートナーと出会えない、結婚相手とのパートナーシップが後回しになる……ということではありません。

自分を愛すると決め、そのように自分を扱いながら、今ある人間関係やパートナーシップを育み、相手のいない人は出会いにオープンでいてください。

ほかの人たちとの愛ある関係性をつくっていくことでもまた、自分のことをもっと愛せるようにもなるのですから。

男性性も女性性も、
共に一人の人間が内包するものです

先に、あなたと相手との関係は自分と自分との関係の映し鏡と申し上げましたが、男女間——恋愛や婚姻のパートナー間——ほど、それが色濃く出る関係はありません。

私がここで「男女」という表現を使う時には、性別だけを言っているわけではありません。

出生証明書や戸籍上で決められた性別だけで判断できない多様性が私たち人間にはあるからです。

人が一対一で恋愛や性愛、婚姻のパートナーシップを結ぼうとする時には、「陰」と「陽」のエネルギーを必要とします。物が生み出され、創造される時には、陰陽両極のエネルギーが必要とされるのです。

つまり、二人の人間が深く関わろうとする時には、どちらかがより強く男性的なエネルギーを持ち、どちらかがより女性的なエネルギーを持つことで恋愛や性愛のスパークが心や体に起きます。

男性エネルギーとは、直線的で目的意識と方向性とゴールを持ち、固さや強さという性質を持っています。論理性もまた男性性のひとつです。

一方、女性エネルギーはやわらかく、やさしく、方向性のないままに常に流れて変化をしており、直感的で感情豊かです。


これは性的な男女の役割という短絡的な話ではありません。

人は誰でも女性エネルギー、男性エネルギーの両方を持っています。

一人の人間の中に、両方の性質のエネルギーがあるということですね。それは脳の違いにも現れているそうです。

この二つのバランスは個人個人で違っています。通常は性別が女性の場合は女性エネルギーが優位で、性別が男性の場合は男性エネルギーが優位になります。ですが、常にそうとは限りません。肉体の性別だけでどちらが優位かということを決めることはできないのです。男性の身体を持った人の中にも、女性エネルギーが優位の人もいるのです。

別の言い方をすると、人にはなじみ深い意識エネルギーの使い方があるということです。

ですから私が「男女関係」という言葉を使う時には、「男性エネルギーが優位な人と女性エネルギーが優位な人の持つ親密な関係」という意味になります。

つまり、男女間だけでなく、男性同士、女性同士の恋愛、性愛、パートナーシップも含まれるのです。

これは、「男性は感情を表さない」とか、「女性は論理的でない」などということでもありません。

男性性も女性性も共に一人の人間の中に共存する性質であり、今の時代は人がより深く愛に目覚め、生きるためにその両方を発達させて統合している時代です。

男性性の優位な人と女性性の優位な人は、そのバランスに合わせて相手と出会い、惹かれ合います。まるで磁石のS極とN極が引き合い、S極同士、N極同士が反発し合うように！

もしもあなたがパートナーとの性的な関係を深めたいと思うのでしたら、男女性にかかわらず、女性性が優位な方は女性性を、男性性が優位な方は男性性を深め、二人の関係性の中で表現するようにしましょう。

男性は自分の中で優位な男性性、あるいは女性性とつながって彼女との関係性の中でそれを表現し、女性もまた、自分の中で優位な女性性、または男性性とつながって、彼との関係の中でそれを表現することで、より引き合う関係性が結べるのです。

人が愛し愛されて生きることとは

人間にとって愛し愛されて生きることは当然の権利であり、
本質のごく自然な表現。

それが男女（肉体的性別ではなく、エネルギー的性別において）の
恋愛という形で現れるのは、
陰陽、プラスマイナス、世界のなりたちから言って必然。
創造の源。

「一人の人間が、自分自身の中の女性性と男性性を結合する」という、
スピリチュアルなプロセスの比喩としての「結婚」は、どんな恋愛を
通しても起きる。

私たちは恐れることなく、何度でも何度でも恋に落ちればいい。
ずっと一緒にいる相手とでも、初めての人とでも。

もし傷つく気持ちが出てきたら、
それは過去の痛みを癒やす絶好のチャンス。
それはあなたをより全体的なあり方へと戻そうとするありがたい力。

特定の相手がいなかった何年かの間にも、
私はいつも恋をしていた。
世界に、出会った誰かに、そして私自身に。

恋をするには無防備でいなくちゃ。
それは傷ついた気持ちになる確率も高めるけれど、
意図次第で癒やしの機会へと変容もできる。

より愛せるあなたへ、
より愛されることを受け入れられるあなたへと。

もしもあなたが恋人やパートナーから大事にされていないと感じているとしたら、
それはあなたの愛や、素敵なことを「受け入れる力、または器」に関わることかもしれませんね。

その力は取り戻せます。
器は必ず大きくできます。
愛し愛されるあなたへと戻っていけるのです。

相手との一体感を求める気持ちは、
万物との一体感を求める気持ちに通じます

女性性を活性化するためには、自分の情緒のケアをたくさんしてあげてください。

感情を豊かにさせてくれる音楽を聴き、身体を曲線的に動かして踊り、美しいものや、いい香りのするものを周りにおいて五感をフルに楽しませるのです。

そして女らしさのままに、ほかの女性たちと気持ちを通わせ合いましょう！

それは女性にとっても、女性性にとっても、とてもとても栄養になるものなのです。

女性性はおしゃべりが大好き。たくさん触れ合って、共感して一緒に泣き、笑い、友人に起きたことを自分のことのようによろこび、腹を立て、悲しんでいる人がいたら抱きしめずにおれないのです。

１９８０年代に公開された、『プリティ・イン・ピンク』というハリウッドのラブコメディ映画があります。その中で、失恋した主人公アンディと、彼女に寄り添う学友の女子たちとの関係性は、私の胸を温かくするシーンとしていつも思い出されます。

それはまさに女性性でつながった素敵な関係性でした。

女性性を育てるのは、繊細な花を育てるようなものです。

それがたとえつぼみだったり、芽さえ出ていない時期だったりしても、肯定的な注意を向けて愛し、慈しみます。

それはあなたのつぼみである部分に安心感と安全の感覚を与え、それによってあなたは大きく花開き、咲いていくことが可能になります。

男性性を活性化するには、目的を持ってすべきこととゴールを定めて、それに向かってまっすぐ行動することです。

男性性はゴールから目を離しません。そして、それを達成するためにさまざまな困難を超えていきます。早い決断とゴールに向かって前進する力は、男性性のものです。

これは「愛」の持つ男性的側面という言い方もできます。

女性性、男性性の特徴は、男女の性器の違いや性愛の時のそれぞれの特徴に通じるのではないでしょうか？

男性の多くが「戦闘もの」が好きなのも、「悪」をやっつけ、「愛する人を守る」などという確固たるゴールがあるからではないかと私は思っています。

男性同士（男性性）の愛の表現は、太古の昔に一致団結して獲物を捕っていた行動の現代バージョンです。同じゴールに向かって協力し合ったり、競争し、お互いに切磋琢磨したりすることで深まります。

たとえばスポーツの勝利をよろこぶときなどに身体を乱暴にぶつけ合う男たちを見たことがありませんか？　それらの行動は、男性同士ならではの独特な愛情の表現なのです。

女性が女性的である時、男性が男性的である時、そして男女間の極が高まると、人は性的かつ恋愛的に惹かれ合います。

しかしそれはまだ「愛」と呼べるものではありません。

第１章でお話しした「恋」の状態ですね。

この段階で、健全な男女はお互いにエロスを感じます。
「健全な」と言ったのは、心か性のどちらかにブロックがあると、恋愛感情は感じられてもエロスを感じられなかったり、エロスを感じる相手に恋愛感情を持てなかったりすることが起こるからです。

恋は、エロスを含んであなたを相手との一体感への神聖な憧憬に導きます。たとえそれが意識化されていなくても、あなたの魂は動機を持って、相手との一体感へと向かうのです。

相手との一体感を求める気持ちの向こうにあるものは、まずは母との一体感であり、(たとえ女性であったとしても)安全な子宮への回帰であり、さらには万物との一体感です。

それは、性愛を通して「愛」へと回帰することを求める心です。

これが「恋」ではなく、単なる性的な衝動の発露である時には、相手との一体感は望みません。そこにあるのは、ただただ高ぶる性欲の緊張から解放されたいという欲望と衝動です。

そのようなセックスは、たくさんの快感を得てなお、お互いの身体を同時に使ったマスターベーションのようなものです。お互いがお互いの快感を得ることを手伝い合っているのです。

これは「愛し合っている」と互いに言っているような男女間でも知らないうちに行われています。

これは愛する相手が快感を得ることを手伝い合うという意味では、決して悪いことではありません。

しかし、あなたが一度でも性愛を通して心と魂と愛とで深くつながることを知ったのなら、そういったスポーツ的でもあり、快感や解放を得ることが第1の目的の性愛との違いに驚くことでしょう。

それは、人が「個」であること、別々の存在として生きているという潜在的な孤独が深く癒やされる時間となると共に、私たちの中にある根源的な孤独を癒やす力を持っています。

その時、私たちは性愛を通して、「自分は外に見ている事柄と離れているわけではないのだ」という真実を知ります。

このことは、私が本当に自分と相手の肉体に心と魂とで完全につながるような性愛を経験して初めて、「ああそうなのか」と理解できたことでした。

なんでも話し合える男女関係なんて

なんでも話し合える男女関係なんて、
欲しいと思ったことはない。
何があってもひとつのベッドで寝ることで
リセットされるような関係が好み。

人の意識エネルギーは
「意図した方向」へ流れます。
「こうする」と意図すると、
そうなるのです

「はじめに」でもお話ししましたように、私は、性愛を通して愛に目覚めることになりました。

相手との一体感を超えて、万物との一体感へと開かれていったのです。

この出来事は、前述した恋の状態よりさらに深い人間の可能性を見せてくれていると私は思います。


それでは、性愛を通して相手と深くつながり、愛し合うためにあなたができることはなんでしょうか？

その答えは、これまでに何度もお伝えしてきたように、まずは自分とのつながりを深めることです。自分とつながることなく自身の中にある愛の感覚を知ることはできませんし、そこからほかの人とつながることもできないからです。


第2章でお話ししたチャクラの概念は、自分の本質と異なる側面（表面意識）とのつながりを知る地図になります。自分はどの領域とのつながりが強く、どの領域が未発達なのかなどのヒントになります。

人間にとってのどんなテーマにも、すべてのチャクラが関わってきますが、性愛でとくに大事なのは、第2チャクラと第4チャクラ（官能と愛の感覚）だといえます。

そして、人がさらに進化すると、そこに第6チャクラ（スピリチュアルなエクスタシー）も含まれていきます。

ですから、私たちは7つのチャクラを自身の地図として、自分自身のありとあらゆる側面とつながって発達させることで、より全体的に「愛する」ということができるようになるのです。

あなたが自分とつながると、自分が何を考え、何を感じているかに意識的になります。自分が本当は何を思っているかがわかるようになり、自分にウソがつけなくなるのです。

「愛ある人間関係」をつくるためには、性愛のところでお話ししたことと同じように、まずは「意図を持つ」ことです。

「意識エネルギーは意図した方向に流れる」

あなたが目の前の人にどんな気持ちを持っているか、またはどのような意図でおつき合いしているのかなどを、はっきり自分で認識してみてください。

人の意識エネルギーが意図した方向へと流れるのは、それがエネルギーの法則だからです。

もしもあなたがご自身の中に「相手を傷つけたい」「心を開かずすねていたい」などのネガティブな意図を発見したら、それはいつでも本質に沿った意図へと変えることができます。

本質に沿った意図というのは、「愛したい」「つながりたい」「お役に立ちたい」などの前向きなものです。あなたの意図を、「愛すること」に設定するのです。そうすることで、あなたの意識エネルギーはあなたの意図する方向へ流れ、あなたの望みの実現化へと導きます。

これは意志や決意とは違います。

たとえばあなたが右手を上げようとした時、通常の人であればそれが簡単にできますよね。

それはあなたがそう意図したからです。通常は、そのためにがんばる必要はありません。


また、たとえば机の上のボールペンに視線を向けたとしましょう。あなたが「それを見る」と意図したからです。

そうすると、そちらに視線を向けると共に、あなたの意識エネルギーが流れて「ボールペン」という存在が現れるのです。


人は、意識していない時でも、1日のうちに無数の「意図」をしています。

その無意識のうちにしていた意図を、これからは意識的にしてみましょう。

「目の前の人を愛する」「この人と愛し合う」と意図する。

あなたが「愛する」と決めれば、物事はそのように流れていきます。

私は、人間関係において物事が好ましくない状態になりそうなことに気づいた時、しばしばこの意図を発動させると共に、祈ります。

「この状況に愛をもたらしてください」
「私に愛を選ばせてください」

そう祈ります。
そうすることで自分の気持ちが和らいだり、相手が変化したり、あっという間に状況が好転したことが何度もあります。

人は、自分とつながった深さの分だけ
相手と深くつながることができます

さて、自分とつながることをはじめると、自分の気持ちや心の動きに敏感に気づくようになるだけでなく、あなたの身体はあなたが心地よい方向へ自然に動くようになっていきます。

覚えていますか？　女性性も男性性も、一人の人間の中に両方あるのだとお話ししたことを。

あなたの身体は、女性的本能、男性的本能につながり、その時その時に優位な本能を入れ替えながら、それが自然に表現されるようになるのです。

自分とつながることの次に来るのは、相手とつながることです。私はスクールや講座などでこれをスキルとしてお伝えしています。「相手と波長を合わせる」という言い方もできますね。

これは、自分の身体の感覚から来るニーズを相手に合わせて裏切るということでは決してありません。

自分とつながり、自分を裏切らずに、相手と「出会う」ということです。

人は、自分とのつながりの深さの分だけ相手の深みともつながることができます。

そして、もしあなたがご自身と深くつながることができていれば、相手を相手の深みへご招待することもできるのです。

そのプロセスは、まるで即興のダンスであるかのようです。

そのなかでもとくに性愛は、二人の人間がつくる美しく興味深い即興のダンスだと思います。音楽ともいえますね。ダンスや音楽がそうであるように、波が大きくなったり、小さくなったり、流れが変わったり、静かだったり、大音量だったり、攻撃的だったり、やわらかく繊細だったり……とさまざまな動きや感情の性質を行き来しながら創造されていきます。

人間としてこれほど優雅で美しく「生きること」の醍醐味を味わえるものは、ほかにないのではないでしょうか？

自分の感情や思考は
「自己責任」であると認めると、
自分で変えられます

男女間、恋愛や婚姻のパートナー間ほど、自分と自分との関係が色濃く表れるものはないと申しあげました。

その自分と自分との関係を形づくる元となった両親や家族との関係を、あなたはパートナーに重ね合わせて見るようになります。

そのような、過去の両親やあなたの面倒を見てくれていた人との関係を、別の関係に重ね合わせて見ることを、心理学用語で「転移」と呼びます。

むずかしそうな言葉でしょうか？

しかしながら、この「転移」が少しでも理解できると、「愛」についてもわかるようになりますので、少し辛抱してくださいね。

「転移」は、たとえば恋愛においてはいつでもポジティブなものからはじまります。

あなたは恋をしている時、相手の細かな問題に気がつきません。相手を完璧で理想のパートナーとして見ているので、ほかのことは目に入らないのです。

しかし、やがてその恋も、時間が過ぎていくことであなたの内側にあるネガティブなものを相手に映し出しはじめることになります。「転移」がポジティブなものからネガティブなものへと変化したのですね。

たとえばあなたのお父さんが、とても批判的でイライラしていて、なんでも完璧にこなさないと怒り出すような人だったとしましょう。

そうすると、あなたのパートナーがちょっと眉を動かしただけで、あなたはそこに怒りのサインを読み取って、相手をよろこばせなければならないと感じてしまいます。

しかしながら、当のパートナーのほうは、まったくのニュートラルな状態。それどころか顔には出してないものの、それなりにご機嫌なのかもしれません。でもあなたがパートナーを、過去の「お父さん」というフィルターを通して見ているので、あなたにはその人の本心が見えなくなってしまっています。これが「転移」です。

これは別の言い方をすると、前の章でお伝えした「傷」という過去の記憶を通して相手を見ているということです。

パートナー間だけでなく、人間関係の問題のほとんどが、この「転移のし合いっこ」からきています。

そしてこの転移の恐ろしいところは、転移をしている最中は、あなたがそのフィルターを通して見ていることを、絶対的真実だと思い込んでしまうことです。


「彼は怒っている」

「彼は私を大事にしていない」

「彼女はいつも不満そうな顔をする」


それは本当でしょうか!?

それは、もしかしたらあなただけの見え方であり、体験であって、目の前の人とはそれほど関係のないことなのかもしれません。

仮にそれが本当のことだとしても、その相手の反応に反応しているのは、いつだって「自分」なのです。

もしもあなたに「転移」がなければ、誰があなたに何を言おうと、相手が不機嫌であろうと、「相手のこと」として気になりません。

ですから、あなたが本当にパートナーや周囲の人と愛ある関係をつくりたいと思うのなら、「自分の感じていることは自分のものなのだ」と認めることが大切です。

自分の感情や思考を自分のものとすることで責任を取るのです。

本当の「自己責任」とは、一般的に使われるように、悪いことをしたり、罪を犯したりしたことで与えられるべき罰のようなものではありません。

「自己責任」は、転移によって起きる負の感情からあなたを自由にしてくれる「鍵」なのです！

なぜならあなたは、他人の中に見いだすものや自分の思考、感情を「自分のものだ」と認めることで、それを「自分が変える」という力を取り戻すからです。

「旦那のせい」
「彼女のせい」
「あの人がああしたから」
「この人にこう言われたから」
「自分以外の誰かが悪い」

そう心の中で思っている時、あなたは自分を被害者にしています。
その時のあなたは、自分を「かわいそうな人」ととらえて自己憐憫《れんびん》に浸ることができても、愛することはできないのです。

自分が「転移」の中にいることを
客観視できたら、
続くステップは、「愛へ戻る」
あるいは
「コミュニケーションを取る」こと

あなたが傷つく感じがする時、幸せでない時、愛を感じていない時は、あなたはいつも「転移」の中にいます。

両親をはじめとした過去の人間関係、自分の「傷」というフィルターを通して、他人や世界を見ているのです。


人のせいにしている自分。

傷ついている自分。

悲しんでいる自分。

怒って攻撃的になっている自分……。

そんな自分に気づいたら、どうしたらよいのでしょうか?

まず、「気づいた」ことをよろこんでください。

「気づいた」ということは、あなたがあなたの感情や思考を客観視することができたということです。

よろこぶことがむずかしかったとしても、まず「気づいた」ということでよしとしましょう、たとえネガティブなことを感じたり、考えたりしても、それに気づいた自分を認めてあげてください。

こうやって自分自身を客観視することで、あなたの思考や感情、その客観視している自分との間に隙間ができます。

その隙間ができた時、あなたはこれまでと違った愛へ戻って行くための新しい選択ができることでしょう。

自分が転移の中にいると気づいて客観視し、それが自分の課題であると認めることができた時、次に続くステップは二つに分かれます。

ひとつは、あくまで自分に起きた気持ちを自分で扱い、愛へと戻ること。

そしてもうひとつは、自分の気持ちは自分のものとしながらも、相手とコミュニケーションを取ることです。

これはネガティブな感情の時だけにとどまらず、ポジティブな気持ちの時も一緒です。

たとえば、

「あなたにこう言われたのはうれしかった」

「話してくれなかったことを悲しく感じた」

などなど、言葉にして相手に伝えるのです。


私はどう感じるのか？

私はどう思うのか？

私はどうしたいのか？


あくまで「I《アイ》」です。「私」「僕」といった自分を主語にし、「自分のこと」として話すことです。

あなたはあなたの気持ちを、人と分かち合っていいんです。


そして不平や不満がある時には、コミュニケーションの中心をそこへ置くの

ではなく、
どのように改善して欲しいのか？
どうして欲しいのか？
というところに焦点を当ててください。

日本には「忖度《そんたく》」という言葉がありますね。政治家と学校経営者の問題がニュースになったときに話題となったので、記憶にある方もいらっしゃることでしょう。

「忖度」を辞書で引いてみると、「他人の心を推し量ること」「推し量って配慮すること」とあります。

でもこれは、「愛情のある関係」をつくっていくために大切な「相手を思う気持ちを表現すること」とは少し違いますね。

「忖度」という言葉には、日本人特有の利害関係の中で行われる、無言の「取引」のニュアンスがあります。しかしながら、それは自己犠牲のうえに成り立っていることも多いのではないでしょうか？

多くの人たちが、人間関係の中で相手に不満を持ち、自分の正しさを証明しようと語りますが、それは建設的ではないのです！

誰かとの関係の中で、イヤなこと、困ったことがあったら、その不満や愚痴の部分は最小限にして、「どうして欲しいか」を相手に伝えましょう。

そのことで二人の関係性は、被害者と加害者の関係から、対等で共に創造する関係へと移っていきます。

これからの対人関係というのは、パートナー間にとどまらず、いかにこういった無意識に行われる無言の取引や操作をやめて、対等かつオーセンティック（その瞬間の本当の気持ちで）につながるか、ということがテーマになっていくと思います。

そしてそれは、ほかの人との間に「愛情を育む」ことの礎《いしずえ》になることでしょう。

不満を感じてもいいんだよ

不満を感じてもいいんだよ。
だって不満なんだから！
それをずっと垂れ流していれば、
あなたが創造するのは、さらなる不満を呼ぶ風景。

その不満の向こうにある、理想の状態は何？
どうあったらうれしいの？
それを意識化させて、そちらを創造するほうに
あなたの貴重な意識の力を使おう。

それはもしかしたら、
「こうして欲しい」
と相手にお願いすることから始まるかもしれないね。

関わる人たちに自分から心を開くことで、
愛ある人間関係をつくりましょう

あなたが愛で人とつながり、愛ある人間関係を育みたいなら、自分と関わる人たちを、この瞬間と未来を創造する同志として尊重し、「大切にする」「愛する」と決めることからはじめてください。

そして自分のほうから心を開くのです。

「心を開く」とは、そのままの自分自身にＯＫを出し、相手にもそのように接することです。

相手のどんなところも、そのまま受け止めてください。

人には誰でもちょっと変わったところがあるものですし、さまざまな考え方の人たちが存在します。その人がその人であることを、できる限り受け止めてください。

あなたの日々の暮らしの中には、愛すること、相手を大切にすること、そのままを受け止めることが容易な相手もいるでしょうし、逆に愛することをむずかしく感じ、愛することを選択することにチャレンジを感じる相手もいるでしょう。

あなたの中に、そういう人を嫌ったり排除したりしたいという動きがあることに気づくかもしれません。

それはそれで仕方のないことです。

ただ、「それは自分の感情だ」ということに気づいていてください。

あなたの感情や状況に、どんなに多くの人が同意したとしても、それはあなたの感情なのです。

そのうえで、こんな質問を自分にしてみて欲しいのです。

「もし自分の本質が愛だとしたら、私は今、どんな態度をとるだろうか？」

と。

私はこれをいつも忘れます。

あたかも、自分が愛の存在であるということを忘れるように。

私は、スクールや講座のクラスでよく生徒さんをこんな冗談を言って笑わせます。

「私は健忘症。人類はみな健忘症！」

そうなんです。私たちは自分が誰なのか、どんな存在なのかを忘れてしまうだけなのです。

でも、それはそれでいいんですよ！

人間ですもの！

ただ、自分が本当は誰であるかを忘れてしまった時、自分は愛の存在であるということを感じられない時、それを他者に対して表現できていない時、人は苦しみの中にいます。

人は誰かや何かを愛している時、幸せです。

本当に人を愛せる時、自分のことも愛しています。

そして、もしも相手が自分を尊重してくれなかったり、愛することのチャレンジが大きかったりするようでしたら、あなたは「その人と関わらない」と決めることで、あなた自身への愛を表現することも決して悪いことではありません。

不完全な自分を愛し、許しましょう。

もし、あなたが人を愛せないと感じている時には、そういう自分を愛してあげてください。

さっさと「ノー」を言おう

イヤなこと、
自分を尊重してくれない状況や人には、
さっさと「ノー」を言うことも愛情深さ。
自分への、ね。

愛を行動で示すためには、
相手に興味を持ち
「観察」することが役に立ちます。
相手に焦点を当てましょう

もしもあなたが誰かを愛していると感じたり、誰かと愛情ある関係を育みたいと思ったりしたら、その気持ちを行動で示すことは重要です。

「遠くで思っている」のも愛のひとつの形ですが、行動で示すことでその関係性は深まります。

あなたが愛したいと思っている相手は、何を求めているでしょうか？

何をしたらよろこんでくれるのでしょうか？

どうしたら愛されていると感じてくれるのでしょうか？

その答えは「観察」することの中にあります。

相手に興味を持ち関心を寄せることで、その人がどうすれば愛されていると感じるかを知ることができるのです。

イソップ童話に『狐と鶴のご馳走』という物語があります。

キツネがツルを食事に招き、平らな皿にスープを入れてツルに出しますが、ツルはくちばしが長くてスープを飲むことができません。キツネはツルが飲めずに残したスープを全部たいらげてしまいました。

今度はツルがキツネを食事に招きます。細長いツボに肉を入れて出してくれたのですが、キツネはクチバシがないので肉を食べられず、今度はツルがキツネの分まで食べた、という物語です。

「他人にしたことは、いつか自分にも戻ってくる」という寓話として知られるこの物語ですが、私はこの話をちょっと違って受け取りました。私には、このキツネが意地悪だったとは思えないのです。

キツネは自分にとっての快適や利便性でツルに接し、ツルは自分にとってのそれで接した。それがお互いにとって都合の悪いことだと知らずに。

私にはこの物語がそう思えるのです。

そこには、お互い愛し合いたい二人が、お互いの違いをあらかじめ理解しようとしなかったが故に陥ってしまった状況があるだけで、それは前述した「愛するという意図」と「観察」で解決していくと思うのです。

私は以前のパートナーとの間で、この物語を思い出すような状況がときどきありました。

彼は彼にとって居心地がいいものを、私もきっとそうだろうと考えて提供してくれるのですが、私はそれを好まないのでうれしくない。

逆に、私が同じようなことをして、彼がそれほどよろこんでいないことに気づく……。

面白いですよね。

人はみな「自分」を通して他人を見ます。

その独りよがりな見方を超えて、

「相手は何を求めているのだろう」

「どうしたらよろこんでもらえるだろう」

ということに焦点を当てて相手を観察すると、必ず見えてくるものがあるはずです。

しかしながら、逆に相手をよろこばせることばかりを考えて、自分自身の本当の気持ちを抑圧してしまう人もいることでしょう。

そういう人は、第2章で書いたように、まず「自分を満たす」ことに取り組むと、「もっと愛したい」自分に出会えます。

「プレゼントというのは、
相手のことを思い、
何をあげたらよろこぶかと考え、
自分もテンションを上げるのが
プレゼントなんだ」

「愛」について書かれた本として私がとっても好きなのが、放送作家の鈴木おさむさんの著作である『ブスの瞳に恋してる』（マガジンハウス）です。

鈴木さんが、お笑い芸人「森三中」の大島美幸さんと出会ったその日に交際期間0日《ゼロ》でプロポーズして結婚した新婚生活を綴《つづ》ったエッセイです。

鈴木さんは、この本を「愛についての本」として書いたつもりはないかもしれませんが、私にとっては愛の本以外の何ものでもありません。

後に、ミュージシャンの岡村靖幸さんのインタビューに答えた鈴木さんが、こんなことを言っていたのを読みました（『岡村靖幸　結婚への道』（岡村靖幸／マガジンハウス）。


鈴木さんが美幸さんと結婚して最初のクリスマスに、美幸さんに「なんでも好きなものを買ってあげる」と言うと、美幸さんが「欲しいものなんてない」と言ったのだそうです。

その1週間後に美幸さんから、こう言われます。

「あのときは非常に悲しかった。

そもそも、『欲しいものを買ってやる』なんてプレゼントじゃない。プレゼントというのは、相手のことを思い、何をあげたらよろこぶかと考え、自分もテンションを上げるのがプレゼントなんだ」

それを聞いた鈴木さんは、すごく恥ずかしくなってしまいました。

美幸さんは、自分の素直な気持ちと考えをぶつけ続けます。

「これからの1年間、私の一挙手一投足を見逃すな。私の誕生日に何をあげたらよろこぶかを考えてくれ」

そう奥さんに言われた言葉に感動する鈴木さんがまた、素敵でした。

もしもあなたが、あなたの愛する人によろこんでもらいたいなら、相手のための行動を愛の表現としたいなら、相手を観察してください。

相手が何をよろこび、何を嫌い、何を好み、何に価値をおいているかを知ってください。

そうすると、相手に何をしてあげればよろこぶのか、どういうことをすると愛されていると感じるのかがわかってくるはずです。そうすれば、あなたの行動は自然に相手への愛の表現となっていくでしょう。

そしてその行動が、あなたの好意や愛情の表現であるということに忠実でいてください。

「自分がこれをすれば、相手はこうしてくれる」というような、見返りを求めて行動することから極力自由でいましょう。

文句を言いたい衝動

「文句を言う」というのはあらがいがたい衝動だ。
そこをグッと耐えて「どうして欲しいか」を伝える。

文句を言う自分を満足させたいのか、
満足する状況を創造したいのか。

どちらを選ぶ？

相手の価値観を尊重し、
自分自身のよろこびを生きると決めると、
必要な変化が起こっていきます

相手をよろこばせたいという気持ちは、愛情の一種です。

しかし、相手からの見返りを期待するのなら、その関係性は条件つきであり、愛の本質から遠のきます。

「何かをしてあげたら、お返しをもらえて当然だ」

このような条件づけは、

「いいことをしたら愛され、好ましくないことをしたら嫌われる」

と秘かに信じているところからきています。


現代においての人間関係は、たとえ家族であってもこういった条件づけのうえに関係性が成り立っていることも多いように思います。

それは、人間本来の力である「無条件に愛する力」と、自分自身が「愛そのものの存在である」ということを忘れてしまったからです。


人は無意識のうちに、相手に対して何かを提供できる自分、役に立つ自分でないと愛されないと感じています。愛されたいがために自分を犠牲にして他人に奉仕しようとする人たちも少なくありませんね。そのままの自分では愛されないと思っているのです。

それを他人にも投影して、ありのままの相手を愛そうとはしません。

その背後には、相手のことを自分の幼いニーズを満たす道具のように考えているあなたがいるのです。

条件つきの愛は、

「もしも私をよろこばせてくれるならば、私はあなたを愛します」

と考えています。

それが本当の「愛」ではないということは、こうして改めて読んでみるとあなたにもご理解いただけることでしょう。

パートナーであれ、職場の人間関係であれ、両親や家族との関係であれ、そのままのその人を、そのまま受け入れることが、愛すること、愛情ある関係を育む基礎となります。

そうは言っても、「ありのままの相手を受け入れる」というのは、口にするほど簡単なことではないかもしれません。私も毎日のようにチャレンジがあります。

それでもまずは、「相手の価値観を尊重しよう」と決めましょう。

当たり前のことですが、相手はあなたと別の人間ですから、価値観は違って当然です。

もしもあなたが相手の価値観を尊重することなく、自分の価値観だけを正しいものと信じて、相手をジャッジしたり否定したりしていると、相手とつながることはできません。ですから、ただただ相手の言葉に耳を傾けてみましょう。黙って聞いていると、相手が何を大事にしているかがだんだんと見えてくることでしょう。

あなたが相手に、「自分がどんな価値観で生きているか」を伝えること、「それを理解して欲しい」と伝えることは、関係を深めるうえでは大事なことでしょう。

だからといって、それを相手に押しつけることは、相手の心を侵害することになります。

あなたが相手をコントロールしようとすることで、大事な人の成長を奪っている可能性もあります。

それは、あなた自身がより深くその関係へと入っていくことを恐れる表れなのかもしれません。

関係性はいつも「お互い様」で成り立っているので、あなたがそうすることに無意識のうちに相手も同意しているかもしれませんが、それでも気づいたほうがやめなければ、その不健全なダンスは続いていきます。


あなたはあなたの価値観を生き、表現することでしか本当の意味で相手に影響を与えることはできません。

「あなた自身のよろこびを生きる」

ということですね。

するといつの間にか周りの人もあなたの存在にインスパイアされ、あなたに同調して、必要な変化・変容が起きていきます。

まず「自分を満たす」。
人は、自分が満たされると
自然にほかの人のお手伝いを
したくなります

自分の中にある相手への感情を自覚できないと、尊重するふりをした無関心となって、関係性に距離ができます。

「尊重」と「無関心」は違います。

「あの人のことが理解できない」

などとぼやく時は、本当は心の中で批判・非難しているばかりで、相手を理解しようとする気などさらさらありません。

あなたもそうだったことを認めてください。

もしもあなたが誰かと親しくなりたい、関係性にかかわらずもっと愛したいと願うのでしたら、相手がどんな価値観を持っているのかに興味を持ってください。

このことを意識してみると、これまで自分の考えでいっぱいだったり、相手をジャッジしていた時には見えなかったことが見えてきたりして、相手が何を大事にしているかがわかってくることでしょう。

そうすれば、相手にどう接し、相手をどのように扱えば、相手が愛されたり大事にされたりしていると感じるかということが自然に見えてきます。

勘違いのないように何度もお伝えしますが、これはあなたがご自身を犠牲にして相手をよろこばせるというのとはまったく違うのですよ！

相手を愛するために、自分を殺さなければならないということでも決してありません。

無理なことややりたくないことは断る勇気を持ち、日頃から自分のケアをして自分を満たしてください！

好きな音楽をかけて踊り、身体がよろこぶ食事をし、以前から行ってみたかった場所へ旅行に行き、ハードルが高いと思っていた人をお茶に誘ってみましょう。

好きな映画を繰り返し観て、朝からコンピューターゲームに没頭し、花を活け、ぬいぐるみを買いましょう！

人は自分が満たされると、自然に誰かほかの人に何かをさせてもらいたいという気持ちになります。

それは人間にとってとても自然な心の動きなのです。

あなたが満たされていればいるほど、他者への奉仕の純度が上がります。承認や賞賛との交換条件ではなく、ただ与えることによって満たされるというサイクルに入るのです。

両親やご先祖様が、
あなたにつないだ愛の絆は永遠です。
親との関係がどうであれ、
その愛を感じてみてください

この章の最後に私がお伝えしたいのは、家族やご先祖様の愛についてです。私たちは子どもの頃、母親をはじめとした家族との関係に傷つき、愛を忘れます。

その傷は、さまざまな形で「カルマ（業・宿命）」として先祖から受け継がれているという考えがあります。それは必ずしも間違いとはいえません。

でも、もっともっと本当のことを言えば、家族間、とくに両親、そしてそこに直接つながるご先祖様との間は、いつも見えない「愛の絆」でつながっているのです。

あなたの命をこの世に生み出したご両親、そのご両親、そしてそのまたご両親……。家族とご先祖様は、あなたへと脈々と続く愛の絆の連鎖です。あなたの傷が、ただただそのあるべき愛の連鎖を止め、感じられなくしているだけなのです。

肉体のある両親は、必ずしも愛情深いばかりの存在ではないかもしれません。あなたは彼らと仲よくできていないかもしれないし、嫌ったり、恨んだりしているかもしれません。
それでも、この愛の絆の連鎖にあらがえる人はいません。
今の親のあり方がどうであれ、ご先祖様がどういう物語を生きたとしても、その愛は永遠です。

あなたの背中を感じてみてください。
あなたの後ろに、ご両親、そのまたご両親……というように、あなたへ命をつないだ人たちが立っています。

そこからあなたへと流れる愛を感じてください。

彼らはいつでもあなたの最高最善だけを願い、あなたを背中から支えてくれているのです。

魂が熱望していた世界が、すぐそこに来ている。
誰もが愛に目覚め、
「自分が本当は誰か」を思い出すその日が。

私たちは、
言葉の必要性を失い、
お互いへのまなざしと、
触れ合う身体のやさしさだけで、
すべてを伝え合うようになるだろう。

やがて、それさえも消えて、
生きとし生けるもの、
みなの存在の響き合いだけが残るだろう。

第4章

あなた自身が「愛」だと気づくために

美しさだけが残るだろう。

「私は愛です」

私たちは「愛」そのものの存在。
でも、私たちはそのことを忘れています

ここまでに、人間の感情を伴う心理についてお話ししてきました。
ここからは、もう少し深いスピリチュアルな愛についてお伝えします。

愛とは、私たちの存在の本質です。

同時に世界の本質でもあり、私たちの内側にも外側にもあり、同時に私たちはその一部であり、全部です。

私たち生きとし生けるものみな、いえ、この世に存在するものも、目に見えないものもぜーんぶひっくるめて、すべてが愛なのです。

あなたが愛に目覚めると、そのことをただ身体で理解し、感じられるようになります。

愛とは何かを知りたいという気持ちや、愛について語りたいという気持ちは消え去り、ただただあなた自身が愛であり、他者も、目に映るものすべてが愛だということを知ります。

ドイツの哲学者であり、心理学者であるエーリッヒ・フロムの著書に『The Art of loving』（邦題『愛するということ』）があります。

その本は、「愛は技術である」という前提で書かれています。「もしも愛が技術であるなら、努力と知力が必要だ」と。

私は、愛情ある関係を育むことや、目の前のものに愛情を注ぐ方法として、「愛は技術である」というのには同意しています。

また、この本の中の「愛することの技術を高めるために、人は成熟しなければならない」という彼の主張にも共感します。

ただ私は、愛とは技術だけではないとも思うのです。

愛は人間にとっての自然な状態であり、ただそれに目覚めるだけでいいと思っているのです。

小さな子どもを見てください。

彼らは、自分のニーズが満たされている時には、愛することがとても上手です。悲しそうな人にはごく自然に寄り添い、心がつながった人には惜しみなく自分の大切なものを分かち合います。そこに取引や交換条件はありません。

彼らは、人間として成熟しているわけではないですよね。

それでも彼らがそのように存在できるのは、愛が人間にとっての自然な状態だからではないでしょうか？

そして、もしも私が主張するように愛が人間にとって自然な状態だとしたら、あなたが愛する対象は「お互いに愛し合う」という約束に基づいた婚姻や恋愛、友情関係だけにとどまらず、その愛――愛であるあなたの存在――は、全人類へと広がっていくでしょう。

あなたが愛である時、あなたは目に映るもの、目に見えないもの、そのすべてを愛おしく感じ、愛します。

あなたが愛である時、すべてが愛だということを知っています。

部屋の窓から見える揺れる木の葉や、朝露に濡れる草、静かに凪《な》いだ海はもちろん、あなたが毎日乗るバスの運転手さんも、その窓から見える街路樹も、会社の帰りに寄った裏路地の飲み屋さんへの小道を横切るドブネズミもみな、愛なのです。

すべてが愛ですって？

世の中には、戦争や暴力、レイプなどで毎日人が殺されたり、いじめが繰り返されたり、オレオレ詐欺に騙されたり……と、悲しい事件が後を絶ちません。

それでもすべては愛と言い切れるのでしょうか？

あなたが疑問に思うのも無理はありません。今この瞬間にも、世界では本質に沿わない出来事が起こり続けているのですから。

それでも私はこう言います。

「はい。すべては愛ですよ」

私たちはみな愛であり、愛そのものです。この世に存在するもの、人、そのすべてが愛なのです。ただ私たちは、みな多かれ少なかれそのことを忘れてしまうのです。

私が初めて愛に目覚めた時、すべてが愛であり、自分はその一部であり、そのすべてだと知った時、私は言葉にならない至福の中にいました。

見るもの何もかもが美しく、私もその美の一部であると共に、そのすべてであることのよろこびの中にいました。

そうやって一度は愛に目覚めた私も、繰り返し「自分が愛そのものだ」という場所に戻りながらも年中そのことを忘れます。

そして私と同じように、あなたもそれを忘れているだけなのです。

私たちが
自分の本質を忘れてしまうのは、
「愛」を体験して、
もう一度目覚めるため

私たちが地球にやって来て「人間」という体験をするのは、自分たちの本質であり世界の本質でもある「愛」を体験して、もう一度それに目覚めるためです。

私たちは、命を授かり地球へやってくる時、自分の本質を忘れ、自分が誰であるかを忘れます。

自分の本質というのは、二元的なこの世界でわかりやすいように言葉にしているだけで、本来そのような表現は滑稽です。

なぜなら「本質を思い出す」ということは、いつだって本当は「自分」という個にとどまらずに、この世界の本質を思い出すことだからです。

個人の本質の表現というものはありますが、それだって、そのもとを正せばいつだってひとつの愛だからです。

赤ちゃんは自らの存在が愛そのものであることを体現していますが、本人はそれを自覚することはできません。

そして面白いことに私たちは、「自分が自分である」という感覚が育つにつれて、自分が愛そのものであることを忘れていくのです。

本来、私たちが「愛」だとしたら、なぜ私たちはわざわざそれを一度忘れてまで、そのことを思い出すためにこの世に生まれてくるのでしょうか?

私はそれを、自分が自分に仕掛けたゲームのようなものだと思っています。

それは、自分が「傷」というワナで隠した愛や、才能という宝物を探す旅であり、あなたと私、闇と光という分離のラスボスを倒して「ひとつ」へ戻ることなのです。

そう考えると、この地球と私たちのいるこの世界は、巨大なテーマパークのようなものですね。

そのテーマパークで遊びながら、私たちは「愛」という本質を思い出していきます。

やがて私たちは、男女という性別を超え、自己と他者への善悪の判断を超え、さらには「自己」「私」という二元論を超えた世界へと目覚めていくのです。

自らが「愛」であることを思い出すと、
この世界を「愛の目」で
見ることができるようになります

あなたの心臓のあたりに意識を向けて、人間であることの神聖なハートを感じてください。

そこには天上の音楽のような、このうえない甘さがあります。

あなたは心臓を意識することで、いつでもこの場所にアクセスすることができるのです。

すぐに感じられなくてもいいんですよ。私が愛を思い出すために行っている「瞑想エクササイズ」がありますので、ここでシェアしますね。

1　座りやすい椅子などにゆったりと腰をかけます。

骨盤を立てるような感じで座りますが、姿勢をよくしようとするあまり背中に力を入れすぎないようにしてくださいね。慣れてきたら横になったままや電車の中でなど、どこででもできるようになります。

「ゆったり」が大事です。

2　心臓のあたりを感じ、そこに意識を向けて、あたかも心臓が呼吸をしているかのように、4つ数を数えながら鼻から息を吸い、今度は4つ数えながら鼻から息を吐きます。必ず鼻から吸い、鼻から吐いてください。

この時、深呼吸をしようとしなくても大丈夫。意図的に止めようとしない限り、息は吐けば自然に入ってくるものです。

これを、1分から3分ほど続けます。

3 今度は、あなたの家族や子ども、愛する人などを思い浮かべて、彼らに対する愛や慈しみ、思いやり、やさしい気持ち、また、一緒に過ごしたよろこびなどの、やわらかく肯定的な感情を思い出して感じてみましょう。

人に対して感じられない時は、風景やペット、あなたが落ち着ける環境などを思い出してください。そこにいるあなたはどんな感じがするかをハートで思い出してみましょう。

このプロセスを毎日5分ほど、1日3回繰り返します。

それ以外に、もしちょっとした空き時間があったり、頭が思考でいっぱいになったり、興奮が鎮まらなかったりしたときには、その都度やってみます。

時間が取れないときは、1分でもいいので続けてみてください。


この瞑想エクササイズで重要なのは、「繰り返し行う」というところです。

そうすることであなたの脳に、本質に沿った神経回路が新しくつくられます。

それによって、あなたはこの世界を安心や安全という「愛の目」で見られるようになり、ほかの人への愛も感じられやすくなっていくでしょう。

それはあなた自身が愛であることに少しずつ目覚めていくことでもあります。


この瞑想エクササイズは、感情と心臓の関係性について研究を行っている米国のハートマス研究所による「コヒーレンス法」を参考に、ほかの呼吸法や瞑想のエクササイズと統合させたエクササイズです。


そのハートマス研究所によると、心臓から発せられた磁場は、脳の100倍のエネルギーを放出して他者や外側に影響を与えているということです。

脳の100倍ですよ！

つまりこういうことです。

あなたが心臓を感じ、心を開いて存在する時、あなたのその愛はほかの人にも大きな影響を与えているということです。

これを別の言い方にすると、「波動の共鳴」です。

あなたの発する愛の波動がほかの人への共鳴を引き起こし、その人の中の愛を呼び覚ますのです。

想像してみてください。

もし私たちが、少しずつでもハートを開いて自分の内側に愛を感じることをはじめたら、それが世界にどのような素晴らしい影響を与えるかを！

そしてジョン・レノンがその代表曲『Imagine』で歌ったような世界を、誰もが胸のうちに感じられるようになることを！

そのままのあなたを

私はあなたをそのまま愛したいのだ。

それなのに私はその気持ちと同時に
私自身の心の現れとして、
投影としての批判や批評をあなたに向ける。

私自身の未熟さで、
私が自分の中に見ようとしないものは
まるであなたのもののように映り、
そのことであなたを愛せないと
私は当然のように振る舞う。

私はあっという間に眠ってしまう。

「私」の気持ちや考えを「私」と思い込み、
「私」が正しいと信じ込む。

ああ私よ、永遠の命を持つ
本当の私よ！
私を超える大いなる命よ。

私が本来なる姿を思い出しますよう、
お導きください。
私のために、
つながるすべてのもののために。

私は私が欲しいと願う
すべてを超えた場所にある
本当に欲しいものを

生きたいと切望する。

頭の中に響く、テレビやラジオで流される
コマーシャルにも似た思考を眺めながらも、
本当の私に気づき続けていたいのだ。
エゴのくれる刹那《せつな》的なよろこびを超えた
本当のよろこびを生きていたいのだ。
祈りと共に
心が還って来る。
愛が還って来る。
もっとも深い憧憬が
今ここにひとつとなる。

すると、

あなたは美しく、
何ひとつ変わる必要などなく、
私も
世界も
そのままで、
そのままで美しい。

自分が愛そのものだと思い出すことは、
愛を忘れてしまった誰かが
愛に目覚めるお手伝いになります

自分が愛であると思い出すこと。

それは、ほかの人が「自分が愛である」ことを思い出すお手伝いになり、やがてそれは大きな愛の輪となって世界中へと広がっていくことでしょう。

そしてそれは、私たちが「自分が本当は誰なのか？」ということを思い出すことでもあります。

ですからもしもあなたが、自分や世界の問題を解決したいと思ったら、まずはあなた自身を愛することからはじめましょう。

そして、あなた自身が愛であることを思い出しましょう。

その胸にいつもある愛を感じることをご自身に許しましょう。

他人の心ない行為を責めるのはやめて、「その人は愛を忘れている人なのだ」ということを思い出し、誰がなんと言おうと、あなたはその人を愛しましょう。

そうすることで、その人や、その人を責める人たちにもまた、愛へと目覚めることのお手伝いをさせてもらいましょう。

世の中に「悪人」はいません。

「自身の本来の姿を忘れてしまった人」

がいるだけです

世界で起きる問題の根本は、私たちが傷つき、自分とのつながりを失い、自分自身の本質や、自分が愛であることを忘れたことからすべて来ています。

人の行う暴力や犯罪、他人や生きとし生けるものみなや、地球への配慮なき行いなどは、すべて私たちが本来の姿である愛を忘れたことから起きている出来事なのです。

この世界に「悪い人」というのは存在しません。

はい。たった一人もいないのです。

いるのはただ私たちと同じように、自身の本当の姿である「愛」を忘れてしまった人たちだけです。

この世界に悪い人がいないということは、誰一人として罰せられる必要がある人がいないということです。

誰一人間違っている人などいないからです。

来るべき社会においては、刑務所は罰せられる場所ではなく、自身が誰であるかを思い出すための癒やしの場所となることでしょう。

すでに欧米では、囚人が動物の世話をしたり、猫を飼ったりすることがセラピーとして取り入れられています。素晴らしいことですね！

人は、罰せられることで本当に更生することはありません。せいぜい社会性を身につけて、どのように振る舞えば社会でうまくいくかを学び、ある程度自分を律せるようになるくらいでしょう。


愛を忘れた行為をする人、自らが愛であることを忘れた人たちの目覚めを手伝うために必要なのは、「罰」でなく「愛」です。そして、その忘れっぷりが激しければ激しいほど、その愛は無条件でなければならないのです。

たとえば人を殺したような人を前に、

「あなたは悪くない」

「あなたも愛だ」

という真実を見いだし続けることはそう簡単ではないことでしょう。
私もしばしば忘れては人を責める思考に陥り、はたと気づくのです。

それでもあなたには選択肢があることを知っていてください。

あなたはその人を憎み、あなた自身が愛であることも忘れるか、その人が本当は愛であり、ただそれを忘れた人であるということを思い出し、そうすることによってあなた自身も愛であることを思い出して、自分も世界も癒やすことに貢献するのか。

私が誰かを責めたくなり、愛を思い出すことがむずかしい時に考えてみることがあります。それはテレビのワイドショーで見かけた殺人犯かもしれませんし、身勝手だと私が勝手に判断した政治家のことかもしれません。

許せないと思ったその人物が赤ちゃんだった時のことを想像してみるのです。
なんの罪もない無垢な魂であり、本質の表現である赤ちゃんだった頃を！

その小さな握られた手、つぶらな瞳、やわらかな皮膚、無防備に開いた口元。どんな極悪人とされている人でも、赤ちゃんだったことがない人はいないのです。

写真で見る、色素沈着した皮膚に太く刻まれたシワのある初老の男のかつての無垢さを想像し、私は涙します。

悪魔としてこの世界に遣わされる人間など誰一人いないのです。傷つき、ただただ自分が誰かを忘れてしまった人たちがいるだけなのです。

私たちの仕事はいつだって、それを自分のほうが思い出すこと。

忘れている状態を「眠っている」と比喩すれば、それは「目覚める」ということです。

余談ですが、私たちヒーラーはクライアントさんと対峙するその瞬間は、クライアントさんを善悪の判断なく丸ごと受け止めます。どんな人も認め、受け入れ、批判なく愛します。

ヒーラーにとって、人の身体に手を置き、オーラやチャクラといったエネルギー体に働きかけることより、「目の前の人をそのまま愛する」ということのほうが、ずっと重要なスキルだと私は思っています。

ヒーラーがセッション中だけでも愛に目覚めていて、その「愛の目」でクライアントさんを見ることができれば、クライアントさんの根本的な癒やしに関わることになります。

クライアントさんにとって、どんな自分でも丸ごと愛されていると感じられることほど癒やされることはないからです。

恥ずかしながらかくいう私も、地球上の万物や、自分自身が愛であるということを忘れてしまった人たちを無条件に愛し続けることは、日常生活においてまだまだできません。年中忘れてしまうのです。

しかし、クライアントさんを通して人を無条件に愛することの練習をさせていただくと共に、その美しさを体験・体感し、自分という人間が愛である、ということの可能性を見せていただいています。

本当にありがたい仕事だと思います。

誰でもない私のままで

自分のその瞬間において、全身全霊を賭けられる。
別にそうしなければいけないとか
そういうわけでもなく、
そうしようと意図したわけでもなく、
そうしていると気づくこともなく。

ただ自分が心から望むことをしているが故に
他人にそうだと受け取られる状態になれる。

そんな仕事に出会えた幸運を
とてもとてもありがたいと思う。

あなたの涙が笑顔に変わるほどに

あなたの記憶は変容する。
本当のことへと目覚めるあなたを見るほど
感動することはない。

映画よりもお芝居よりも
どんなドキュメンタリーよりも、
知らない有名人の物語や
何かを乗り越えた偉大な人のお話よりも、
目の前のあなたの物語が
言葉で語られることなく変容するのを見るほど
興味深く感動することはない。

まったくもって、私の趣味は仕事である。
お金をもらっている、
もらっていない、

で仕事かどうかを分けてはいない。
自分にとって、それをやるために生まれて来た。
そんなことすべてが私にとって仕事だ。

そして普段、
仕事なんてなんの関係もなく、
ただ一人で立ったり座ったり
泣いたり笑ったり
食べたり排せつしたりする
性別「女性」である。

そのこともこのうえなく愛している。

もしも誰かになってしまったら

私はきっと枯れてしまう。

偉いヒーラーとか、

アクセスがたくさんあるブロガーとか、

それが自分になってしまったとたんに

私は本当の私を忘れる。

「誰でもない私のままで」

私は自分にそう約束したんだ。

もしも、世界中の人々が
自分の本質を思い出したら、
言葉にすることのニーズは
消えていくことでしょう

私がスチャダラパーというラップアーティストのマネージメント会社の社長だった頃、仕事での関わりやおつき合いのあったたくさんの才能豊かな人たちの一人に、ミュージシャンの小沢健二くんがいました。

私は、その当時発売された彼のアルバム『犬は吠えるがキャラバンは進む（後に『dogs』と改題）』に収められた『天使たちのシーン』という曲が大好きです。

「いつか誰もが花を愛し歌を歌い
返事じゃない言葉を喋《しゃべ》りだすのなら
何千回ものなだらかに過ぎた季節が
僕にとてもいとおしく思えてくる」

私はこの曲に人類の来るべき未来を感じ、何度聴いても感動で泣けてしまいます。私たちがみな愛の存在であることを思い出した世界を、この曲に感じるのです。

誰もが花だけでなく隣人を愛し、戦いではなく歌を選び、お互いを感じ合うことで、言葉にするニーズの消えた世界を、私はこの歌に感じるのです。

その世界は、思っているより早く実現する予感がしています。

それには、なんといっても私たち一人ひとりが自身を愛し、自分の近くにいる人たちとの愛情を育み、そして私たちの本質である愛に目覚めることなのです。

そして、そのままの自分で愛されていることを知ることです。

朝、目を覚ましたらこう言ってみましょう。

「私は愛です」

「私は愛そのものです」

そして、世界をその目で眺めてみましょう。
それを感じてみましょう。
そんなあなたを愛さない人などいないことでしょう。
あなたはかつて切望していた愛を、自分の内側にも外側にも見つけて思います。

「ああ、なんて美しい世界なんだ」
と。

愛すること、愛されていること

人生の、
人のつくった世界の
美しさに圧倒されている。

神やら、自然やら
スピリチュアルやら。

私たちを超えると信じているものにしか
存在し得ないとされている何かは
どこにもそこにもあるのだ。

どんな創造も
どんな物語も

等しく美しく尊い。

世界と恋に落ち
世界に片思いし
世界に求愛し
やがて愛されていたことを知る。

そして愛することと
愛されていることとは
同時にひとつだということも。

絶え間なき感謝が
金色の泉のように
湧き続けている。

自分が愛そのものであることを知ると、
世界の豊かさや、
他者や宇宙から注がれている愛、
そして、世界の美しさに気づきます

あなたが愛に目覚めて、自分は愛そのものの存在だと知ると、あなたの中から「こうでなければならない」という気持ちが消えていきます。
あなたはあなたのままで十分で、あなたが愛されるために誰かをよろこばせる必要もなければ、何かを成し遂げる必要もないことに気づきます
そうすると毎日が、美しい「今、ここ」の瞬間の連続になっていきます。

あなたに不満がある時、うまくいかないと感じる時は、あなたが愛である自分を忘れてしまった時です。

傷を感じて落ち込んだり、社会に怒りを感じたりする日もあることでしょう。

それでもあなたは、自分の中にいつも揺るぎない愛があり、自分が愛そのものだということを知っています。

この世界の豊かさや、他者からも宇宙からも常に注がれている愛に気づきます。すると、心が無理なく愛と感謝で満たされていくのです。


魂の望みが、瞬間瞬間にあなたの中から現れてきます。

「魂のやりたいこと」がわかるのです。

それはあなたの魂の目的であり、人生の使命です。

あなたが心からやりたい、魂からやりたいと望むことは、あなたが生まれてきたことの意味にまっすぐつながっています。

あなたが人生の目的を生きる時――愛であるあなた自身を生きる時――あなたは物質的な豊かさの象徴であり、愛としてのお金もまた受け取れるようになるでしょう。

あなたの人生は、物質的にも豊かになっていくのです。

だからといって、みんながみんな仕事としての自己実現をしなければならないということではないですからね。

専業主婦や専業主夫であること、母親であること、父親であること、親の財産を受け継いで趣味に生きることでもいいのです。ただあなたの内側に、「自分は自分のすべきことをしている」という肯定的な感覚があればいいのです。

あなたが愛に目覚めるほどに、人生に対して情熱的であると同時に、冷静かつ自覚的であり、愛である自分にふさわしい選択をするようになります。

またそれに共鳴するような人たちと、そのままのお互い同士を認め合い、許し合い、愛し合うようになります。

私自身も、家族や友人たちとの関係が本当に大きく変わりました。

たとえばスピリチュアルにまったく興味のない家族に対して「こうあるべきだ」という気持ちがなくなればなくなるほど、彼らは驚くほど変化していきました。

友人たちとの関係も、愛と笑い、よろこびと創造性に富んだものになりました。

あなたの毎日も、当たり前のように満たされたものになっていくことでしょう。あなたの内側からは自然に感謝が湧いてきます。

そうして自分の持つ幸運や、この世界の豊かさ、他者と世界の美しさを感じることができない時、あなたは自分が愛を忘れているだけということを思い出す頻度が高くなっていくことでしょう。

あなたの人生はこのうえなく豊かで満たされたものとなっていきます。

そしてまたあなたは思うのです。

「なんて美しい世界なのだろう」と。

おわりに

「愛についての本を書きたい」

そう思ったのは、今から1年と少し前、前作『あなたがここにいることの意味』（クローバー出版）の出版記念講演会のために訪れた札幌でのことでした。

講演会まで時間があったのでごあいさつをしようと、ある書店さんに寄った時のことです。

書店さんの2階にはそれほど背の高くない棚が並び、店の中が広く見渡せるようなつくりになっていました。それは私をまるで本の海の中にいるような錯覚に陥らせました。

その中を漂うようにウロウロしていると、太陽に反射して波のように光る1冊の本がありました。それは20~30代に何度も読んだ「愛」についての本でした。その本は、自分自身のあり方や恋愛に悩む私を大いにインスパイアしてくれたものでした。

白い表紙のその本を久しぶり手に取りながら、

「自分もいつか〝愛〟についての本を書きたい」

　そう強く思いました。


　それがこんなに早く実現したことを改めて思い、驚いています。

　なぜなら、「愛」とは壮大で深遠かつ複雑なトピックすぎて、その時の私には到底書くことができるとは思えず、ライフワーク的にずっと取り組んで、いつか遠い将来書く類いのものだと思っていたからです。

　それに年中「愛」を忘れるこの私に、「愛」についての本を書く権利などない、と自分をジャッジしていたからです。


　それが今年のはじめ廣済堂出版の真野はるみさんから「愛の本を書いてください」と依頼していただいたのです。私はそのシンクロニシティにうなずき、自分が自分をどうジャッジしていたとしても、やるべきことは叶うようになっているのだと理解し、この本を書く約束をしました。

誰でも生まれてきたからには、「愛を知りたい」「愛したい」「愛されたい」と心の奥深くで望んでいることと思います。

かつての私もそうでした。

そして、「愛」とは自分の外にあり、増えたり、減ったり、終わったりするものだと思っていました。

でも今は、それが世界の本質であると知っています。そのことが私を根本から変えてくれました。

本文でもお伝えしたように、だからといって私がいつもそれを覚えていられるわけではありません。年中忘れてしまうのです。あなたやこの地球に生きる多くの人たちと同じように、自分が本当は何者であるかを忘れるのです。

この本は、そんな私やあなたが自分を愛し、周りの人たちとの愛情を育み、そして何よりも、愛という自身と世界の本質に何度でも目覚めるお手伝いをするために書きました。

世界に悪い人などいない。

本当は愛だけしかない。

人は誰とでも愛で結ばれることが可能だ。


そんな、寝言のようなきれいごとが本当であるはずはない。

かつての私もそう思っていました。でもそれこそが、この世界の真実だと今は思うのです。

私の言うことを信じていただかなくてもいい。ただ少しだけでも本書に書かれている考えを試してみていただけたら幸せです。


この本を書くことは、両親や兄妹はもちろん、傷ついて孤独だった私を癒やしてくれたかつての恋人や、パートナーたちの愛情を再び思い出して受け取ることであり、まわりの人たちのやさしさ、温かさに深く気づかされる機会でもありました。感謝の気持ちでいっぱいです。

また、ヒーラーを目指す私にスピリチュアルな導きをくれたガイドたちと、かつての教師たちにもこの場を借りて感謝をさせてください。彼らの愛情深さと辛抱強さなしで、今の私はありません。

最後に、この本の編集をしてくださった廣済堂出版の真野はるみさん、編集者の楠本知子さんに感謝します。少しずつ書いた原稿を送るたびによろこんでくださるお二人がいたからこそ、最後まで書き終えることができました。

存在と祈りを込めて。

２０１９年11月

本郷綜海

本郷綜海　ほんごうそみ　ヒーラーズ・ヒーラー

20代で起業。クラブ、ヒップホップ、渋谷系音楽の黎明期にシーンの拡大とメジャー化に貢献。スチャダラパーなどのアーティストの所属する会社を経営すると共に、小沢健二との共作『今夜はブギー・バック』や芝浦の伝説のディスコなどの企画に関わり、国内外のセレブなどと交流。

その後、所有していたものをほとんど手放しスピリチュアルな旅へ。米国にてスピリチュアルヒーリング、表現アートセラピー、ボディサイコセラピーなどを学び、世界のシャーマンと旅し、禅寺での修行などをしながら自分を癒やす。その過程がヒーラー修行となると共に、魂の望みを叶えるべく40歳で歌手、パフォーマンスアーティストとしてサンフランシスコベイエリアデビュー。歌手としては村上ポンタ秀一氏などと共演を果たす。

帰国後は、卓越したシャーマニックなヒーリングの力と、その存在・メッセージで人生が大きく変わると評判に。活躍するヒーラー、コーチ、臨床心理士など、癒やしに関わる人たちから絶大な信頼を得てヒーラーズ・ヒーラーに。

現在はライブ活動のほか、歌で心の深みを表現したい人たちの指導（魂と繋がる歌の唄い方®）やプロフェッショナルヒーラーの育成（Somi Life Art School）などに情熱を注いでいる。

趣味は野生のイルカと泳ぐこと。夢はクジラと泳ぐこと。

2001年　米国フロリダ州認可　4年制ヒーリング専門学校卒業
2018年5月　初著書『あなたがここにいることの意味』（クローバー出版）上梓。
2020年1月末　ファーストアルバムリリース

本郷綜海オフィシャルブログ「美しきこの世界で」
https://ameblo.jp/somihongo/

本郷綜海メインメルマガ「自分らしく豊かに生きる」
https://www.reservestock.jp/subscribe/6331

本郷綜海公式LINE@はこちらから。ご登録いただいた方は無料遠隔ヒーリングにご招待。

帯写真　秋月雅

アートディレクション　宮崎謙司（lil.inc）

デザイン　井上安彦　設楽彩佳　和田浩太郎（lil.inc）

編集協力　楠本知子

担当編集　真野はるみ（廣済堂出版）

目覚《めざ》めよ、愛《あい》に生《い》きるために

2019年12月12日　第1版第1刷

著　者　　本郷綜海《ほんごうそみ》

発行者　　後藤高志

発行所　　株式会社 廣済堂出版
〒101-0052　東京都千代田区神田小川町2-3-13　M&Cビル7F
電話　03-6703-0964（編集）
　　　03-6703-0962（販売）
Fax　03-6703-0963（販売）
振替　00180-0-164137
URL　https://www.kosaido-pub.co.jp

JASRAC 出 1911606-901

印刷・製本　株式会社廣済堂

ISBN978-4-331-52270-7　C0095